指南针
负责指北

部下に9割任せる！

带人的艺术

［日］吉田幸弘 著

曹倩 译

天地出版社 | TIANDI PRESS

图书在版编目（CIP）数据

带人的艺术 /（日）吉田幸弘著；曹倩译 . —成都：天地出版社，2022.10
ISBN 978-7-5455-7235-3

Ⅰ.①带… Ⅱ.①吉… ②曹… Ⅲ.①企业领导学 Ⅳ.① F272.91

中国版本图书馆 CIP 数据核字（2022）第 161556 号

"BUKA NI 9WARI MAKASERU!" by YUKIHIRO YOSHIDA
Copyright © 2019 Yukihiro Yoshida
All Rights Reserved.
Original Japanese edition published by FOREST Publishing, Co., Ltd.
This Simplified Chinese Language Edition is published by arrangement with FOREST Publishing, Co., Ltd. through East West Culture & Media Co., Ltd., Tokyo

著作权登记号　图字：21-2022-309

DAIREN DE YISHU

带人的艺术

出 品 人	杨　政
作　　者	［日］吉田幸弘
译　　者	曹　倩
责任编辑	霍春霞
责任校对	马志侠　黄珊珊
封面设计	金牍文化·车球
内文排版	冉冉工作室
责任印制	王学锋

出版发行	天地出版社
	（成都市锦江区三色路 238 号　邮政编码：610023）
	（北京市方庄芳群园 3 区 3 号　邮政编码：100078）
网　　址	http://www.tiandiph.com
电子邮箱	tianditg@163.com
经　　销	新华文轩出版传媒股份有限公司

印　　刷	三河市兴博印务有限公司
版　　次	2022 年 10 月第 1 版
印　　次	2022 年 10 月第 1 次印刷
开　　本	787mm×1092mm　1/32
印　　张	7.75
字　　数	151 千字
定　　价	56.00 元
书　　号	ISBN 978-7-5455-7235-3

版权所有◆违者必究

咨询电话：(028) 86361282（总编室）
购书热线：(010) 67693207（营销中心）

如有印装错误，请与本社联系调换。

不懂放手,你的世界将被工作淹没;
不懂放手,带不出省心的下属。

一人蛮干，不如让对的人做对的事。

前言 / Preface

致拼命带领下属工作，结果却不尽如人意的你

首先，在此非常感谢各位读者能够阅读这本书。

我冒昧地问一个问题：你是否在工作上努力过头了呢？

我曾在一次演讲中认识了某公司的领导 A 某，他跟我讲述了自己的境遇。

A 某曾是一名非常优秀的执行层员工，因出色的表现获得晋升机会，被提拔为领导。我认识他的时候，他已经在公司担任领导职位差不多一年时间了。

A 某认为自己必须负起责任，管理好下属，因此他每天都会通过工作日报一丝不苟地检查下属的工作。

此外，A 某还采用了一对一面谈的形式与下属交流。他会事先找出下属存在的问题并设定目标，以自己主导谈话的方式教导下属。结果，下属无法按照他的要求工作，问题也得不到解决。此外，整个团队的状态也不理想。于是，A 某便亲自参与一线工作，试图以此提高业绩。

虽然 A 某做了诸多努力，但团队的状态依然非常糟糕。团队中有好几个人离职，业绩一塌糊涂，团队的工作氛围很差。再加上 A 某亲自做执行方面的工作，他变得忙碌起来，疏忽了团队管理工作。就这样，这种一团糟的状态持续了一段时间。

据说，A 某因此承受了巨大的压力，这导致他情绪崩溃，经常与下属和相关部门的人员发生口角。并且，那时的 A 某经常加班到深夜。

A 某听了我的演讲，并在演讲结束后决定向我寻求帮助。

在这个案例中，A某管理失败的原因是他亲力亲为地做了过多执行方面的工作。事实上，像A某这样无法将工作交办给下属的领导并不少见。自己非常优秀，并且十分努力工作，但结果就是不理想——我见过不少这样的领导。

对于为何什么事都要自己参与这个问题，我询问过A某以外的许多领导，他们给出这样的解释：

"因为下属以前搞砸过，所以只能分配给他们简单的工作。"
"我想要大包大揽团队的所有业务。"
"因为我觉得找下属商量事情太没面子了，所以所有的事情都自己一个人做主。"
"会议或者面谈都必须在我的主导下推进。"
"我如果在下属面前暴露自己的缺点，就会被轻视。"
"如果我把工作交给二把手做，别人就可能会认为我在偷懒。"
"领导在各个方面都必须胜过下属。"

无法将工作交给别人做的人，往往都是具有极强责任感、做事非常认真的人。因此，他们才会什么事都自己一个人扛。

作为领导，这种拼尽全力的劲头会起反作用，会导致团队整体的效能下降，甚至会使下属的工作积极性降低。

明明非常努力工作，却非常痛苦——我希望能帮助处于这种困境的领导，于是执笔写了这本书。

接下来，我为大家介绍一下我的情况。我叫吉田幸弘。目前，我主要面向各家企业的经营者、管理层进行以下属培养为主题的调研、培训或演讲，每年举办相关活动达100次以上。我曾就职于公司，担任了12年的管理层职位，曾获得过好几次公司的MVP（最有价值专家，Most Valuable Professional的缩略词）。

我并非一开始工作就顺风顺水。就像前文提到的A某一样，我也曾经常插手下属的工作。那时，为了让不按照我的要求做事的下属听从指挥，我甚至还采取过类似职权骚扰的沟通方式，结果遭到下属的集体反抗，最终被降职。并且我经历过的降职不止一次，而是三次。

之后，我将被降职的懊悔当作动力，开始通过图书或讲座学习领导应该具备的素养和能力，并进行实践。在摸爬滚打中，我逐渐掌握了领导力。此外，我还从取得成功的前辈那里学习到了许多宝贵经验。

从我的亲身经历可以看出，领导的素养可以通过后天努力获得。

在我还是一个普通的上班族时，我曾在业界排名第二的大型企业、老牌学校、外资企业、上市的风投企业等不同类型的组织任过职。

正因为在不同类型的组织工作过，我拥有丰富的工作经历，这使我了解了各类工作的模式与状态。即便是现在，我依然习惯通过演讲或调研观察形形色色的人。

毋庸置疑，领导的工作极具价值。

一个团队能够完成个人无法完成的工作。并且，如果在工作上取得了成绩，比起一个人狂欢，与团队一起分享这份成功的喜悦更能让人开心。而且在团队中，领导会有更多机会获得下属的感谢。

总之，把工作交给下属更能让下属成长。下属成长起来，就意味着团队能够获得更好的成长。

话题回到上文提到的关于A某的案例。A某听完演讲后在我这里进行了半年的研修,并将所学付诸实践。

据说,他把工作交给下属去处理后,下属便能够积极主动地进行工作了。

他还跟我汇报过一个好消息,从他开始实践的第二个月到之后的一年时间内,他的团队所创造的营业额达到了上一年的121%,他本人也升职了。在那一年,他的团队中没有人离职。他升职后,接任他原本职位的是他带起来的下属。

由此可见,把工作交办给下属,不仅能够让下属成长,提升团队的业绩,还有助于自己升职。

A某说,他现在觉得当初每天加班到很晚的日子仿佛都不真实了,现在他每天都准点下班,而且为了将来打算,他还计划利用业余时间考取一些资格证。一开始见面时看起来处于煎熬中的A某,如今看起来意气风发。

这个案例告诉我们，将权限交给下属，既能提高下属的工作积极性，又能使自己将时间用在更重要的事情上。

本书将为各位读者介绍如何将工作交给下属，让领导获得更多个人空间。这些都是基于我的实际体验以及我在其他公司举办演讲、调研活动时遇到的案例。此外，书中还介绍了许多可以立刻实践的方法。

恳请各位读者能够读完这本书，我将不胜荣幸。

Refresh Communications 代表　吉田幸弘

目录 / Contents

第一章 今后是"90% 的工作都交办出去的领导"的时代

已经不需要偶像级领导了 / 003

领导不需要成为"万金油" / 006

引导下属发挥能力的服务型领导力 / 010

通过辅助下属,提高团队整体的业绩 / 014

下属才是主角,领导要经常扮演配角 / 017

能够让下属安心工作的领导,才能带领团队提高业绩 / 022

将经营远景转化为具体的事例,让下属视为己任 / 027

通过寻求帮助,建立信赖关系 / 032

第二章 学会领导的"样子"

领导和管理者的职责并不一样 / 039

待人的态度不能因人而异 / 042

不因业绩的好坏而改变对下属的态度 / 045

不要出现会失去下属信赖的言行 / 048

如果出现"朝令夕改"的情况该怎么办 / 051

要评价成果,而非过程 / 053

为了下属能取得成果,领导要与下属一起想办法 / 057

开会时要降低存在感,让年轻人推进会议 / 059

越是能干的领导,在时间安排上越游刃有余 / 064

控制自己的情绪,定期排解压力 / 070

越是关键时刻,越要沉着冷静 / 074

想办法让自己不慌张不急躁 / 078

培养能够辅佐自己的二把手 / 081

二把手的作用 / 087

第三章 获取下属的信赖

尽量不要频繁地与下属一起出去喝酒 / 095

和所有下属的接触要一视同仁 / 097

让下属多进行"报联商"的技巧 / 099

不在人前表扬与批评 / 105

说坏话和抱怨会让下属对领导产生不信任感 / 108

让下属决定面谈的内容 / 112

将行程"可视化"/ 118

不能越级谈工作上的事 / 123

第四章 善于交办的领导,会培养出优秀的下属

不断将工作放手,交给下属 / 129

不要命令,而要商量 / 134

通过找下属"商量",提高下属的干劲 / 137

不能放手交办的领导是不合格的 / 140

放手让下属做事的好处 / 144

始终无法放手交办的你该怎么办 / 147

正确预估下属"能做到的"与"不能做到的" / 155

让下属挑战比以往稍微有些难度的工作 / 157

根据下属的熟练度,改变交办方式 / 161

交办工作时不使用模棱两可的语言 / 164

领导和下属分担责任 / 170

事先掌握下属工作积极性的来源 / 173

如果下属搞砸了交给他的工作怎么办 / 179

第五章 领导需要掌握的工作技巧

省去无用功,节约"时间"这个经营资源 / 185

掌握"鸟之眼、虫之眼、鱼之眼" / 192

比起细致的计划,更重要的是先行动起来 / 199

一边行动,一边摸索"最优解" / 202

试着提出假设 / 205

不要试图将问题一下子全部解决 / 210

为"思考"和"烦恼"设定截止时间 / 215

要重视自己的直觉 / 218

后 记 / 223

第一章

今后是「90%的工作都交办出去的领导」的时代

已经不需要偶像级领导了

首先，请允许我唐突地提一个问题。请问各位读者朋友：当提到偶像级领导时，大家最先想到的人是谁呢？

很多读者可能首先会想到战国时代的大名织田信长、丰臣秀吉、德川家康，或者活跃在幕府末期的西乡隆盛、坂本龙马、吉田松阴等历史名人。

部分读者可能想到闻名世界的企业家，比如松下幸之助、本田宗一郎、稻盛和夫、杰克·韦尔奇等。

你如果是体育爱好者，有可能想到野村克也、星野仙一、冈田武史等著名教练。

我想现在手中拿着这本书的读者朋友中，一定有人希望自己能够成为像这些名人一样的偶像级领导,并带领下属在职场中驰骋。特别是曾经在执行层岗位干得很优秀的人,更容易有这种想法。

一般来说,人们提到领导,印象中他们都拥有"当机立断、勇猛大胆""让人想要跟随""可以信赖""带领下属前进"等领袖特质。

然而事实上,这种颇具领袖特质的领导正逐步退出历史舞台。

在商品种类少、生产量大的时代,由于人们具有相似的生活方式,偶像级领导才得以发挥作用。

如今,我们生活在一个商品种类丰富、产品个性化的时代,人们的生活方式、兴趣爱好、想法等各不相同。

今非昔比,同龄人都看着相同的电视节目、听着相同的音乐的时代已经一去不复返了。

特别是出生于1947—1949年日本婴儿激增时期以后的一

代人，他们会对各式各样的东西产生兴趣，兴趣爱好五花八门。他们在成长过程中参与过的体育运动自然也不尽相同。

比如，以前运动神经发达的人几乎都选择了棒球或足球，而现在运动神经发达的人分散在各类运动项目中。

总之，现在已经不再是当年那种"整齐划一"的时代了。

小贴士

具有领袖特质的领导正逐步退出历史舞台。

领导不需要成为"万金油"

随着时代的变化,工作的范围逐渐拓宽。

由于社会变化的速度急剧加快,如今没有人能够做到对自己工作范围内的事情无所不知。

各行各业会出现无法预测的行业变动,曾经的竞争对手变成了业务上的合作方,类似这样的事情不再稀奇。

终身雇佣制和年功序列工资制[1]正逐渐瓦解,企业的人员流动变得愈加频繁。

---

1 年功序列工资制:日本企业的传统工资制度,即员工的基本工资随员工的年龄和企业工龄的增加而逐年增加。

此外，互联网尤其是移动互联网等技术的普及也给人们的工作与生活带来了一定的影响。

曾经人们的沟通只能依赖固定电话或信件。那时的年轻职员会通过观察领导、前辈和其他部门的同事与客户打电话的方式学习工作的内容和技巧等。领导也可以通过这种方式了解下属的工作情况。以前，很多领导都会通过观察下属打电话的样子掌握下属的工作进展。

如今，大部分工作都通过电子邮件进行沟通和确认，领导和下属很难相互了解对方的工作情况。

此外，现在还出现了这种情况：无论领导如何努力，都无法赶超下属的技能。其中的代表性技能便是电脑或智能手机的操作，以及对网络的熟练应用这类IT技能。

现在的年轻人基本上从小就开始接触电脑和智能手机。对于这些年轻人来说，使用网络是一件稀松平常的事情。甚至有些人可能在上学时就已经开始使用PPT制作演讲或报告的文件了。

在如今这个时代，领导想要把所有事情都做得比下属好简直难如登天。

尽管如此，有些领导依然希望自己能够成为偶像级领导，于是非常努力地学习工作中所需要的技能和知识。在我看来，这种做法有些本末倒置。

通过足够的努力，曾经是出色执行层的人或许能够再次在团队中成为别人崇拜的对象。但这绝对不是说他就能成为偶像级领导了。之所以这么说，是因为领导无须让自己成为别人的偶像。身为领导，你如果只知道自己一味地努力，就从根本上搞错了方向。

对下属采取"全都得听我的，不许有异议"这种威慑性态度，会起反作用。这样做不但不会让下属敬畏，而且会让下属瞧不起。

有些下属甚至会产生混日子的想法，觉得只要做一些不会被领导责备的最低限度的工作就可以了。于是下属的工作积极性会降低，工作表现也会变差。并且，整个团队都会变得松散懈怠。

> **小贴士**
>
> 领导无须成为什么都会的全才,无须成为偶像。

引导下属发挥能力的服务型领导力

如果领导能够拥有"服务型领导力"（Servant Leadership），下属就会积极主动思考，并展开行动。

服务型领导力是在重视每一位下属自主性的同时，促使其成长的领导方式。

在我曾进行调研的公司，由于大多数领导都独断专行，所以他们的下属几乎从未自主思考过该如何工作。

于是，我开始帮助这些领导运用服务型领导的思考方式。

自此，这些领导的下属们渐渐开始将工作视为分内之事，并主动行动起来。此外，下属们不仅提高了创造力、思考力，而且增强了责任感。随之，公司整体的业绩有了大幅提升。

在如今的时代,那些认为"如果升职成领导,就必须不断带领大家前进,自己似乎不能胜任",或者认为"自己好像没有什么领袖特质"的人,可能更适合当领导。

在我接触过的众多公司中,越是能够体恤他人痛苦、与下属和谐相处的领导,越能发挥出优秀的领导力。

如今,**能够和团队成员成为并肩作战的伙伴的领导,才能更好地发挥领导力**。因为这样的领导更能激发出每一个团队成员的潜力。

此外,在那些被外界认为是"偶像级领导"的人中,其实也有许多人具有服务型领导力。

比如,以"让员工把不满讲出来"为口头禅的松下创始人松下幸之助;虽然拥有出色的技术开发能力,但不擅长营销,而将公司经营实权交给藤泽武夫的本田创始人本田宗一郎;因为自己曾是棒球击球员,于是便将投手的训练全部委托给助理教练、中日龙队前主教练落合博满等。

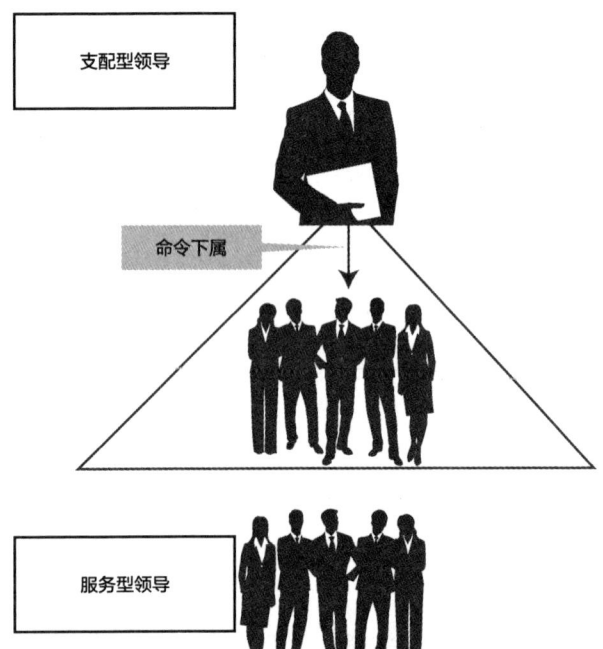

图1 支配型领导与服务型领导的区别

此外，据说在日本各地都有分店的居酒屋连锁店——塚田农场，每家店都分配了自主预算的额度。只要在额度范围内，每家店都可以根据自己的判断为顾客提供不同的服务。也就是说，塚田农场采用的是让员工自主做决定的经营模式。这一做法使得居酒屋的回头客率是业界回头客率平均值的一倍以上。

而大热漫画《航海王》之所以如此受欢迎，很大程度上也是因为主人公路飞并不是支配大家的领导，而是善于激发出伙伴们优点的领导。

我相信今后服务型领导力的普及率会越来越高。

小 贴 士

今后的领导不用支配下属，而是要帮助下属，激发出他们的潜力。

通过辅助下属，提高团队整体的业绩

在没有网络和智能手机的时代，领导和下属之间存在巨大的信息差，领导掌握的信息比下属要多得多。因此，领导以单方面向下属做出指示的垂直领导模式，足以管理好团队。

随着互联网和智能手机登上历史舞台，如今每个人都能够轻松地获取工作中所需要的信息，随之而来的变化就是领导和下属之间的信息差近乎为零。甚至团队中的年轻人因为善于使用网络，在有些领域掌握的信息比领导还要多。

曾经，我们认为领导的指示是绝对正确的，如今这种观念要被颠覆了。因此，我们需要转换思维。

一直以来的工作模式都是领导做主角，下属辅助领导。现在要反过来，**让下属成为主角，领导在旁边辅助下属。**

以前，公司只针对新人或者因为跳槽、工作调动等刚开始接触新工作的员工进行培训。如今需要的领导力则是：当新人上手后，通过培训和辅助继续深入发掘其优点。

举例来说，领导要做的并不是仅靠自己去完成1亿日元的销售目标，下属在工作中只起到辅助作用；而是要做到即便自己的销售额为零，手下的10位下属也都能完成1亿日元的销售额。也就是说，领导只要能够帮助下属完成任务即可。

领导成为配角，有时就会看起来对团队的业绩没有做出任何贡献。很多领导都害怕这种结果，于是便采用自己主导推进工作的方式。事实上，领导自己是"顶级销售员"这件事非但不值得骄傲，反而证明其领导能力不强。

作为领导，你绝对不能仅仅把工作视为展示自己的机会，像抢下属功劳这种事更是荒谬至极。

正确的做法是：**虽然看起来什么也没做，却能够辅助下属**

完成工作，提高团队整体的业绩。希望各位读者千万不要忘记这一点。

> **小 贴 士**
>
> 领导通过让下属当主角，自己做配角，来提高团队整体的业绩。

下属才是主角,领导要经常扮演配角

看到这里,很多读者可能会认为:你上面所说的和我所认为的领导力完全不一样。

一般来说,人们对于领导力持有以下几种观点:

· 领导必须总是站在最前面,带领团队成员前进;
· 领导无论在肉体上还是精神上,都必须强大;
· 领导必须在所有方面都比任何一位下属优秀;
· 领导必须拥有让别人想要跟随自己的魅力(领袖特质);
· 领导不能依赖他人(特别是下属)。

特别是那些曾经在执行层岗位上工作出色的人,可能更会有这种想法。

我在曾就职的公司和担任长期培训讲师的公司，接触过许多当上领导的人，他们中有人事业飞黄腾达，也有人业绩平平。

他们之间的差别其实非常简单：能够出色胜任领导岗位的人往往能明确区分执行者和领导的职责与工作，而无法胜任领导岗位的人则往往认为当领导不过是以前的工作的延续。

所谓"领导"，正如字面意思，就是带领团队成员去往正确方向的人。

因此，身为领导其实根本没有必要以高于下属的姿态命令下属做事。从心理上来讲，没有人希望别人高高在上地命令自己。

如果带有支配性地命令想要自主工作的下属，让下属按照自己的要求做事的话，既会削弱下属的优势，又会降低其工作积极性。

从执行层成功转型到领导层的人，往往给自己的定位是

"辅助性质的配角"。他们会在下属遇到困难的时候提供帮助，为下属创造便于工作的环境。

在我曾就职的公司，有两位风格截然不同的领导，他们分别带领着各自的营销团队。

在这里我们就称呼他俩为 A 和 B 吧。他们年纪相仿。在晋升为领导前，他们都曾在执行层的岗位上工作过。那时 A 的业绩更出色一些，他经常拿到公司里的业绩冠军。

当然，B 最后能晋升为领导就意味着他的业绩也不差，只不过没有 A 那么突出、耀眼而已。

A 在当上领导后经常会对下属做出指示。不论是经验丰富的下属，还是经验尚浅的下属，他都要求对方按照自己一直以来的方法做事。

与之相反，B 则给予下属充分的自由。并且，如果下属在工作中出现方向性错误，B 就会将其引导到正确的方向。如果经验尚浅的下属在工作中遇到困难，B 就会尽可能地提供帮助。

那么，请各位读者猜一猜，一年后哪个团队的业绩能够有所提高呢？

答案是 B 带领的团队。

通过上面的描述，相信读者朋友们能够看出，A 其实属于"支配型领导"，而 B 则属于"辅助型领导"。

事实上，"辅助型领导"能够更好地发挥领导力，更容易带领团队做出成绩。

关于我们应该掌握什么样的技能才能更好地发挥领导力这一点，我会在之后的章节为读者朋友们详细介绍。在这里我只想分享一个心得，希望各位一定要拥有这种观念。

下属才是主角，领导要时常扮演配角。

拿体育赛事来打比方，公司里的领导相当于教练，而下属相当于运动员。虽然教练的身份高于运动员，但教练不能出场参赛。

不论教练多么优秀，如果在严格要求运动员时，运动员对于教练的指示不以为然，或者认为自己根本达不到教练要求的指标，最终一定无法赢得比赛。

在棒球比赛中，无论教练多么强势地要求跑得快的小体格棒球选手全力挥棒，争取打出全垒打，那名选手都很难做到。或者教练强行要求打击力量很强而跑得慢的选手盗垒，恐怕那名选手也很难成功。

根据每个人的个性与能力给出恰当的指示，激发作为"主角"的下属的潜力，引导他们发挥出最高水平——这才是一位领导应该做的。

小贴士

领导应该坚持扮演配角，为下属（主角）充分发挥能力提供帮助。

能够让下属安心工作的领导，才能带领团队提高业绩

我想先问各位读者朋友一个问题：你想跟随以下两位领导中的哪一位呢？

假设第一位领导是 A，这位 A 领导走理论武装、高强度工作的路线。他能够掌握业界最新的信息，而且具有很强的商业技巧。

他的座右铭是"绝对不能被下属轻视"。对于地位低于自己的人，他总是以盛气凌人的态度对待，而且基本上不会听取下属的意见。

比如，他会命令下属"一天时间内拜访 10 位客户"，当下属对此提出异议并解释称"我负责的区域一天最多只能拜访 5 位客户"时，他便会毫不留情地指责下属是在"找借口"。

此外，下属提交的报告或企划书，几乎百分之百都会被他"毙"掉。因此，他的团队经常要将已经做好的事情推翻重做。

与这位 A 领导相反，第二位领导 B 总是面带微笑，待人温和，性格开朗。在工作中，有时他会脱口而出"哎呀，糟糕！差点儿就犯大错了"这样的话，完全没有领导架子。甚至他还会把自己曾经在工作中犯下的过错当成无伤大雅的笑话讲给下属听。对于下属来说，这样的领导会让人很放松。

如果下属找 B 商量进展不顺的工作，B 的口头禅是"这可真是棘手啊"。但他会认真听完下属的难处与烦恼。

此外，如果下属向 B 报告了工作中的失误，B 不会指责下属无能，他会先宽慰下属，然后与下属一起寻找解决办法。

到了下午容易打瞌睡的时间，他会跟大家说"为了防止犯困，我请大家吃薄荷糖，醒醒脑吧"。可以说，B 是一位很容易相处的领导。

事实上，A 和 B 这两位领导都是我曾经合作过的公司中实际存在的人。他们同时晋升到领导层。

在前 3 个月，A 带领的团队业绩一度领先，但渐渐就被 B 带领的团队赶超了。之后，B 不断晋升，多年后甚至当上了公司董事。

A 的下属并没有因为 A 的强势而尊敬、拥护他，反而产生了"因为是工作，没有办法"，不得已与 A 接触的情绪。

B 的下属则认为 B 是一位亲切、和蔼的领导，从心理上感受到了工作环境的和谐与安宁。

心理安全指的是，在一种工作环境或氛围中，"团队中的每一位成员都能够安心地按照自己的方式做事"。简单来说，就是下属能够"安心地表达自己的想法"。

如果下属不能安心地表达自己的想法，就会像 A 带领的团队成员那样，虽然自己有想表达的意见，但一想到"无论自己说什么都会被否定"，就会保持沉默。

如果一个团队能够使团队成员感受到心理安全，团队成员不仅能够对领导、同事直率地表达自己的想法，还能够站在对方的立场考虑问题，尊重对方的意见。

像B这样主动公开自己过去的失败经历、"暴露"自己弱点的领导，对于为团队创造安宁的环境极为有效。因此，我们可以告诉下属自己曾经犯过的错误或者自己的不足之处。

接下来，我为各位读者列举一下我在公司任职时曾对下属"暴露"过的不足之处。

· 早晨起不来；
· 下午容易犯困，因此离不开薄荷糖；
· 曾经因为自己的字太潦草而看不懂自己做的笔记；
· 曾经是一位经常冲下属发火的领导；
· 曾经为了不被下属轻视而对着镜子练习令人畏惧的表情；
· 曾经犯迷糊，错将客户认成其他人，并对其直呼其名；
· 给上司发邮件时忘记在上司的名字后面加尊称。

这些"糗事"本不值得"炫耀"，但由此下属对我产生了亲近感，认为"原来他也会犯这种错啊"。从结果上来看，我的下属都能够很好地向我进行"报联商"（汇报、联络、商谈）。

或许有些读者朋友会担心，假如说出自己做过的"糗事"，就会被下属轻视，但其实没有关系。

事实上，下属在领导那里寻求的并非威严，而是**决断力**。只要领导在关键时刻能够做出及时、准确的判断，下属绝对不会小瞧领导。

> **小贴士**
>
> 领导可以通过主动"暴露"过去的失败经历或自己的弱点，来增强团队成员的心理安全感，并由此提高团队的工作效率。

将经营远景转化为具体的事例，让下属视为己任

经营远景就是指"将来公司想要成为的理想状态"。

我们假设一家企业以"为当地提供数一数二的上乘服务，培养独立的自律型人才"为经营远景，希望在3年内达成这个目标。

这时领导直接将公司未来的目标告诉下属，其实并不妥。因为这样做会阻碍目标的实现。

对于领导宣布的经营远景，下属只会感到"抽象且摸不着头脑""不明白自己具体该做什么事情"。

归根结底，对于下属来说，每天的工作其实是努力完成数值化的工作目标。

这时，如果领导将看起来只不过是句"漂亮话"的经营远景告诉下属，下属搞不明白自己需要做什么，因此就不会重视这个事情，而是优先完成眼前的具体工作。

前些日子，我前往某家公司进行调研。在与该公司的员工进行面谈时，我询问每一位员工："你是否还记得贵公司的经营远景？"几乎没有人能回答得上来。

当我告诉他们公司的经营远景是什么后，能够回答"啊，对！是这个""好像以前听说过"的员工还算好的，很多员工直接表示"我真不知道"。有些员工即便知道公司的经营远景，也会认为这只不过是"场面话"，不用当真。

即便公司制定出了非常好的经营远景，如果下属对此无动于衷也没有意义。

为了避免这种情况的出现，**领导必须将经营远景以下属能够理解的方式表述出来。**

比如，对于"为当地提供数一数二的上乘服务"这一抽象的经营远景，领导就可以换成"应时刻留意我司比同行业其他公司更快地做出回应和反馈"这样的说法,并告诉下属。这样一来,下属就不会将这一经营远景看作"假大空"的一句场面话,而会当作一项"公司规定"来执行。

那么,我们具体该怎么实现经营远景呢?

领导要与下属一起商量后再制定经营远景。这样一来,下属就会将公司未来的目标"视为己任"。

这时,如果能将公司的经营远景转化为具体的事例则更为有效。理由有以下两点:

(1)可以形成具体的概念;
(2)下属将公司的经营远景视为己任,实现目标的意愿会随之增强。

首先,我们可以请下属以列举事例的形式畅谈对公司未来的期望,然后从事例中提取出公司的经营远景。

事例一
曾经来我们这里住宿的老夫妻寄来一封感谢信,上面写着:"入住你们的酒店感觉真是太棒了!你们的员工像家人一般亲切地接待了我们,我们非常开心。下次我们一定带孙子再去住你们的酒店。"

经营远景一
提供让顾客想再次入住的当地首屈一指的服务。

事例二
我在美食点评网站上发现,我们酒店已经被顾客选为"招待重要的客户时想前往的酒店",并且排名第一。

经营远景二
提供其他酒店没有的贴心服务。

事例三
刚大学毕业的新入职的年轻员工纷纷表示:"公司采取人性化管理,工作氛围很好。我觉得它是当地人气第一的就职企业,我要把它推荐给学弟学妹。"

经营远景三
管理层和员工能够成为伙伴,共同努力奋斗。

事例四
在资格证考试合格的庆功宴上,参加培训的500名学员全部出席，互相分享喜悦。

经营远景四

成为能让学员全都顺利通过资格证考试的培训机构。

> **小贴士**
>
> 对于抽象的经营远景，领导要与下属进行商量，以列举事例的方式让下属深入理解。

通过寻求帮助,建立信赖关系

成为领导,就意味着需要自己做决断的情况增多,而且要做决断的事情所涉及的范围更广。但事实上,并非所有的事情都需要领导独自决断。

遇到事情时,领导完全可以跟下属商量,比如询问下属"我想这样去做这件事,你们觉得怎么样"等。领导只要不是表现得战战兢兢、毫无自信,就没关系。

对于具体的工作,比领导更擅长或更熟悉的员工大有人在。

领导要做的是认清自己的强项和弱项,对于自己不擅长的领域,应该向擅长或熟悉这个领域的员工寻求帮助。

从心理上来看,人们往往会对向自己寻求帮助的人产生好感，因为这会让人感觉对方很信赖自己。从心理学上来看，这是由于人们被他人认可的心理需求得到了满足。

领导只要能够清楚地把握哪位下属擅长什么事情，什么领域的问题该问谁，就能很好地开展工作了。

举例解释一下。我们假设自己的团队成员分别具有以下特点：

A某
· 虽然现在从事销售工作，但之前是一名设计师；
· 擅长绘制插图、制作PPT。

B某
· 知道很多环境非常好的咖啡店；
· 喜欢吃甜食，对各种点心如数家珍。

C某
· 虽然不善于提出新方案，但特别适合做文字校对或会计核算等细致的工作；
· 熟练使用Excel，被大家起了个外号——Exceler。

D某

·电脑高手,会自己组装电脑;

·别人向他求助电脑方面的问题,他非常乐意帮忙。

E某

·有些粗心大意;

·对于初次见面的人不会认生、怯场。

面对这些下属,需要考虑宣传页的颜色或版式时,就找A某商量;需要给客户带些点心作为伴手礼时,就询问B某。

像上述这样,只要领导能够事先掌握下属擅长或熟悉的领域,遇到问题就求助对应的那个人,领导开展工作就会变得更轻松,下属也会因为得到领导的认可而获得心理上的满足感。这样既可以提高下属的工作积极性,又可以与下属建立信赖关系。

就算是其他部门或其他公司的员工,如果其中某个人对某个领域特别了解,我们也可以向他们寻求帮助。

在工作中，我们要尽量卸下"凡事都要自己扛"的包袱。

> **小贴士**
>
> 对于自己不擅长或不熟悉的事情，领导要向下属寻求帮助，这样可以获得下属的好感，从而建立起信赖关系。

第二章 / 学会领导的『样子』

领导和管理者的职责并不一样

以前社会变化的速度没有这么快,所以管理者只要能够做好管理工作即可,如今这样做却行不通了。现在要求管理者必须具备领导应有的素养。也就是说,如今的社会要求管理者能够同时履行领导和管理者的职责。

虽然领导和管理者看起来有些相似,但其实二者的职责并不一样。

领导的职责是引导团队向着正确的方向前进。

为了实现这个目标,领导必须采取的行动有以下两点:

(1)确定"方向",也就是未来的目标,并告知团队成员;
(2)让团队成员对未来的目标产生共鸣,并围绕着目标最大限度地发挥自己的能力。

与之相对的是管理者。管理者的职责是"通过制定规则或规定，为组织维持良好秩序，提高工作效率"。也就是说，"管理"意味着要协调和统管，并确认工作安排是否真正落实了。"PDCA 循环"[1] 就是极具代表性的管理方式。

通过协调和统管，任何人都能够按照统一的步骤生产出高品质的产品或提供优质的服务。

值得注意的是，有些公司因为过于注重管理，最终出现为了管理而管理这种本末倒置的情况。

· 不停地唠叨"不能那样做，必须这样做"；
· 把监督员工是否按照公司规定做事当成了目的；
· 吹毛求疵般地下达指示；
· 总是注重文件的书写格式等形式上的东西。

---

1 PDCA 循环：又叫戴明环，全称 Plan-Do-Check-Action，即计划 - 实施 - 检查 - 行动。

如果一个公司出现了上述情况,那么别说创新了,可能连想要挑战新事物的员工都将不复存在。

一位合格的领导需要平衡好领导和管理之间的关系,特别需要时刻关注自己的管理方式是否恰当。

> **小贴士**
>
> **在认清领导和管理者职责的不同的基础上,平衡好领导和管理之间的关系。**

待人的态度不能因人而异

优秀的领导有一个共同点——待人的态度不会因人而异。无论是对上司还是下属,他们都能保持一视同仁的态度。

虽然很难为情,但我还是要向各位读者朋友坦白,曾经的我就是一个与理想的领导截然相反的反面教材,可以说我曾经就是一位"看人下菜碟"的领导。

那时的我对上司俯首帖耳,对气场强大的同级别的人也表现得唯唯诺诺;相反,我在自己的下属面前却表现得趾高气扬,对他们颐指气使。

有一天,一位下属与客户面谈后向我汇报:"我今天谈了一笔大生意。如果我们能答应对方以优惠的价格提供某件产品的话,这单生意就能谈成。"

虽然这单生意本身是亏本的,但只要我们能够与对方保持3个月的生意往来,对方就愿意采购其他能够让我们公司盈利的产品,这样从整体来看这单生意我们还是赚钱的。

于是,我很强势地对下属说:"好嘞!这件事就由我来说服部长吧。"

我向部长汇报这件事后,部长却拒绝了。他对我说:"这件事不行。如果对方直接跟我们签合同,合同明确规定3个月后采购其他产品,这件事还有的商量。口头协议不行。"

对我来说最糟糕的是,团队中其他下属看到了我轻易就被部长否决的狼狈模样。

自从发生这件事后,下属几乎不找我商量事情了。这意味着我失去了他们的信赖。

> **小贴士**
>
> 作为领导,无论是对上司还是下属,你都要始终保持一视同仁的态度。

不因业绩的好坏而改变对下属的态度

当时,我对业绩好的下属很友善,会在工作中给予他们充分的自由;对业绩不理想的下属则十分严厉。我甚至曾经斥责和威胁那些业绩不佳的下属:"你再这样下去,你的奖金可能就会减少哦。我们公司是外资企业,辞退员工是常有的事。你如果还是不改变,就很有可能被解雇。"

我的这种管理方式持续了大约3个月。这时,业绩一直很好的下属A某跟我说他想要辞职。

当时,在我看来,我在工作中给予了A某最大限度的自由,并且经常表扬他,我自认为我们之间保持了良好的沟通,所以A某提出辞职对我来说简直是晴天霹雳。

颇为震惊的我便找A某谈话,希望能挽留他。于是,我们便有了以下这番对话。

A某:"抱歉,我很担心我的未来。在这家公司,我不知道自己什么时候就会被开除。"

我:"你怎么会有这种担心呢?你一直能够很好地完成工作目标,并且非常努力。你将来甚至很有可能进入领导层。再说,下个月你就要加薪了。"

A某:"看到C某和E某,我感到非常不安。"

说实话,A某的这番话让我感触颇深。

A某提到的C某是比A某早进公司两年的前辈,而E某则是和A某同时进公司的员工。这两个人的业绩一直提不上去,因此我经常严厉地斥责他们。

后来我才明白,业绩优秀的下属和业绩不佳的下属其实经常交流。他们业绩不好不是因为偷懒等明显的个人问题,实际上C某和E某工作非常卖力,他们没有做错什么。

一般来说，业绩优秀的下属都具有预见性。A某深表不安地说道："我很担心自己总有一天会成为业绩不好的那个人。现在领导会根据下属的业绩好坏而采取不同的态度，说不定明天就是我受到严厉的斥责了。"

最终，A某还是辞职了。这对于我所带领的团队来说是非常大的打击，对于我个人来说是很大的教训。

希望各位读者能够吸取我的教训，尊重团队中的每一位成员。

对待下属的态度不要因人而异，要照顾到一起工作的所有人的情绪，这是身为一位领导应该注意的一点。

> **小贴士**
>
> **领导要尊重一起工作的每一个人，并且对待任何人的态度都要一致。**

不要出现会失去下属信赖的言行

各位读者朋友,说不定你的下属在背后会这样说你:

"明明说好了如果达成目标就带大家去吃烤肉,结果目标达成了,他却没有遵守承诺。"

"要求大家在截止日期前提交报告,但是他对比自己年长且不好对付的B很宽容,即便B在截止日期之后提交报告也没事。"

"如果别人迟到了,他就会严加训斥,而他自己却在开会的时候迟到了。"

"在有董事出席的会议上提出新方案,明明一开始他说会支持我们,结果分店店长提出异议后,他立刻就附和地说

'确实这样做的依据有些欠缺',而反对我们的方案。我感觉自己被背叛了。"

"他明明说过如果收到客户投诉就会一起承担责任、一起解决问题,真的出事后他却以'我很忙'为借口逃避。"

不知各位读者朋友中是否有这样言行不一的人呢?

你可能只是随口一说,下属却记在了心里。这种"说得到,做不到"的行为很有可能导致你失去下属的信任。

一般来说,下属不会当面质问领导:"明明你答应了,怎么不帮忙?"但他会在不知不觉间不再信任领导。

这和有些消费者买到了质量有问题的产品,虽然不会抱怨或投诉,但之后绝对不会再购买这个品牌的产品是一样的道理。

因此,领导无论答应下属的是多么小的事情,都一定要按时、按约定兑现承诺。

话虽如此，但领导也是普通人，也会犯错、搞砸事情或者忘记要做的事情。如果出现这种情况，领导就要诚恳道歉。能够真诚地向下属表达歉意的领导，会获得大家的信赖。

> **小贴士**
>
> 领导要"言必信，行必果"，如果因特殊情况，没有兑现承诺，要诚恳地向下属道歉。

如果出现"朝令夕改"的情况该怎么办

作为领导,我们要特别注意,不要说出自相矛盾的话,要前后保持一致。

比如,在周一的会议上说"这个月我们要努力扩大新客户的规模",周三就改口说"这个月我们要努力提高老客户的购买力"。这种变来变去的指示就是典型的反面教材。

有时上午可能刚发布一个指令,下午就要做出调整,这种事情在实际工作中时有发生、不可避免。有时甚至还会出现一开始以为是正确的做法,推行下去后却发现搞错了的情况。

这种时候,如果领导能够坦率、具体地告诉下属指令"变来变去"的理由和背景的话,下属是能够理解的。

如果领导仅仅以"这是高层的指示""已经这样了，没别的办法"等这种模糊的说辞搪塞下属，下属将不会再信任领导。

在工作的时候，团队成员是将工作"视为己任"，还是"奉命行事"，很大程度上取决于"做这个工作的理由和背景是否明确"。

虽然有时"朝令夕改"是无可奈何之举，但领导如果经常出尔反尔，必将失去下属的信任。请各位读者朋友一定注意这一点。因此，今后在把话说出口前，作为领导，你一定要仔细考虑是否恰当。

> **小贴士**
>
> **因为下属会记住领导说过的话，所以领导尽量不要出现言行不一、朝令夕改的情况。**

要评价成果，而非过程

我们举个例子。假设你将写有联系方式的 300 位客户名单分别交给下属 A 某和 B 某，并要求他们开拓新客户，期限为两个月，最低目标是签下 3 份新合同。

两个月后，结果出来了。

我们先来看 A 某的结果。A 某按照名单联系了上面 300 位客户，最终只和 5 位客户预约见面，没有签下一份合同。

A 某虽然严格按照公司的电话预约流程进行了操作，但没有取得成果。A 某认为，自己不能随便改变公司的章程，所以一直严格按照要求执行。

我们再来看看 B 某的情况。B 某并没有逐一联系这 300 位客户，而是只与其中120位客户进行了联系。

B某之所以这样做，是因为他在打电话的过程中很快就发现，客户对两种业务的反映总体上不错，不需要完全按照流程从头介绍。于是，B某针对这两种业务设计了一套沟通方案。最终，B某预约到了15位客户见面，并顺利签下6份合同。

比起严格按照公司章程执行工作的A某，能够灵活应对并成功签下6份合同的B某更值得表扬。

A某虽然按照指示做事，但没有动脑筋，拿不出成果，相信无论谁当领导都不会赞赏这种做法。

我们假设还有一名员工C某。C某认为贸然给客户打电话可能不妥，所以先发邮件试探。在发邮件的时候，他会附上免费PDF资料的下载链接，供感兴趣的客户下载，通过这种方式吸引对方。最终，真正下载PDF的客户只有两位。

之后，两个月的期限快到了，C某才慌慌张张地开始打电话约客户见面。遗憾的是，他只约到了5位客户，而且没有签下一份合同。

随后，C某针对自己设计的工作方案、对此采取的方法、最终的结果以及今后的应对策略做了一份详细的报告，并提交给领导。

对于C某的这种做法，有的人可能会给予高度评价。其实这样做并不妥当。

确实，C某在工作中下了很大功夫，这一点值得表扬，但绝对不可高度评价"只要努力工作就可以了"这种做法。因为即便过程再好，如果不能取得成果，这项工作也是失败的。能够给予高度评价的只有取得成果的人。

事实上，在经验丰富的老员工中，像C某这样特别擅长"展现自己努力工作的过程"的人有很多。这类人往往都能说会道，不少领导都会被他们"我在工作中下了很大功夫，并且非常努力"这样的自我宣传"欺骗"。

因此，领导必须追求成果。

> **小贴士**
>
> 不论在过程中下了多大功夫、做了多少努力,如果下属没有取得成果,领导就不能给予高度评价。

为了下属能取得成果，
领导要与下属一起想办法

可能有些下属取得成果属于巧合。即便这是巧合，领导也应该对下属的努力和成绩予以表扬。此外，领导还要鼓励下属总结成功的主要原因，并寻找这次成功的可借鉴之处。

这次"巧合"的成功意味着下属是按照自己的"直觉"在做事。比如，在职业棒球的赛后采访中，打出决胜本垒打的选手兴奋地表示"那个球我自己预感到肯定没问题"。这种情况就属于积累了丰富经验的职业棒球选手依靠自己的直觉打中的。完全没有经验的普通人是不会产生这种直觉的。

直觉是以个人长久以来的经验为依据的，与"瞎猫碰到死耗子"的运气不同。只不过成功者本人并没有注意到这种

"依据"而已。

按理说,"巧合"的成功中也存在一些促成因素。对此,领导要做的事情就是跟下属一起找出这次"巧合"成功的可借鉴之处。

> **小贴士**
>
> 对于下属偶然取得的成功,领导也要与下属一起总结成功的主要原因。

开会时要降低存在感,让年轻人推进会议

我相信,在开会时,大多数情况都是团队领导负责推进会议。这种情况往往容易导致会议上发表意见的都是领导、资深者或者嗓门大的人,而那些比较胆怯或经验尚浅的年轻人几乎没有机会发表意见。如此一来,领导可能老是采纳同一拨人的意见。

在一种大家难以开口表达意见的氛围中,领导很难获取具有建设性的意见。甚至这样可能导致有些下属对领导过于"察言观色"而一言不发,或者认为"反正说了也不会被采纳"而放弃表达自己的意见。

为了避免这种糟糕的情况出现,领导应该让下属来推进会议,并且在开会时领导要尽可能降低自己的存在感。

让下属推进会议时，我们可以以两人为一组来进行，一个人担任主角，另一个人担任配角。

说到由谁担任主角，很多领导可能会从团队中选自己最信任的下属或者经验丰富的资深者，但正确的做法并非如此。我们应该让这些人担任配角，让年轻人轮流担任主角，负责推进会议。

让年轻下属负责推进会议可以取得以下四种效果。

1. 把会议当作己任

很多年轻下属会感觉参加会议是义务，而不能积极参与到讨论中。此外，即便领导在会议上决定让某个年轻人负责某件事，这个年轻人也很难把这件事视为己任，更多的是当作被领导委派的任务。

通过让年轻下属担任会议的推进者，无论是参加会议还是在会议上做出决定，都能够使他们感觉"这是自己的责任"，从而积极地参与和执行。

2. 获得被他人认可的心理满足感

年轻下属一旦负责推进会议,就能够成为会议上的主角。这样一来,年轻下属就能够获得"自己被认可"的心理满足感,从而大幅提高工作积极性。

3. 能够掌握"促动技术"

"促动技术"(Facilitation Skill),英文直译为"让问题变得简单的技术",具体是指激发参与者的热情与创意,引导参与者发表意见,在有限的时间内达成清晰的共识,形成切实可行的计划的结构化、流程化的方法。

随着经验的积累,年轻下属会有越来越多的机会在多部门合作的项目,甚至是跨公司的合作项目中担任负责人。届时,"促动技术"便会发挥很大作用。

4. 担任配角的下属也有收获

对于在会议中担任配角的下属来说,这是一次增长经验的机会,对他的将来是有益的。如果将来这位担任配角的下属能够成为团队领导,那么他在这次会议中取得的经验就会发挥作用。

比如,担任配角的下属如果对推进会议的主角所引导的会议内容能够进行反馈的话,就能够在实际工作中掌握反馈的方法。

如此一来,这次会议对于两位下属来说都是宝贵的学习机会。

此外,为了使下属能够踊跃发言、交换意见,身为领导的你也可以不参与会议,只需要在会议结束后让下属将讨论结果以简单的报告形式提交给你即可。

为了能够打造出一支即便你不在场也能够很好地推进工作的团队,领导要做的事情便是在会议中尽可能地降低存在感。

> **小贴士**
>
> 领导通过"隐身",让会议成为下属"学习的地方""成长的地方"。

越是能干的领导，在时间安排上越游刃有余

你一旦成为领导，必须出席的会议和必须完成的文件便会陡然增多。此外，领导必须及时处理下属的"报联商"。

在我刚当上领导的那段时间，我每天白天都在不断地处理下属的"报联商"，自己的本职工作下班后才能处理。因此，每天我都要加班到临近地铁末班车的时间才能回家。那段时间，我每天都疲惫不堪，整个人处于焦躁中。

事实上，身为领导，你绝对不能每天都加班到深夜。

下属看到领导在加班，会因为有所顾虑而不好意思下班。最重要的是，经常加班到深夜不利于领导的身心健康，会导致其判断力和工作表现不佳。

如今，日本企业推行工作方式改革，据说有些公司以一到下班时间就自动断电的方式来防止员工加班。这样一来，虽然跟以前相比，在公司加班的情况会大幅减少，但可能会导致很多人把未完成的工作带回家。

我通过培训和演讲等有幸结识了许多领导。我发现在休息时间，他们中有的人很放松，有的人则会一刻不停地打电话。

对比这两种领导，反而前者往往在工作中表现得更出色。

领导必须有意识地减少工作。首先要减少自己的工作，接下来就要减少团队整体的工作。

有些人把自己的日程安排得满满当当的，沉浸在"我是一个繁忙的商务人士 = 优秀的商务人士"这种优越感中。其实这是一种误区。

对于拥有这种想法的人，我特别想问他们两个问题：

（1）如果遇到突发情况，你怎么应对？

（2）如果一家实力雄厚的大公司突然要求合作一项紧急业务，你该怎么办呢？

他们不论面对上述哪种情况，如果在行程上没有给自己留有余地，恐怕都无法应对。

可能有的人会加班到深夜或者干脆住在公司来完成工作，如果加了班，还是来不及完成呢？

比起这种案牍劳形的工作模式，平时就注意减轻工作量，留下能够应对突发事件的余地不是更好吗？

在减轻工作量时，我们应该注意以下三点。

1. 工作每增加一项就相应地减少一项其他工作

工作每增加一项，我们就应该考虑能否减少一项其他工作。比如以下几种情况我们就可以这样操作。

- 如果每周都必须开关于新项目的会议，那么在此期间，同一拨参会人员的其他项目会议就尽量不要开了；

- 如果要求下属每周都要提交工作管理表，那么就废除提交其他类似的日报；
- 如果自己要负责一位新的大客户，就将自己一直以来负责的其他客户转交给下属。

身为领导，你要做的就是经常留意自己或者团队的工作量，要适量，不要过度。

2. 废除"徒劳无功"的业务

比如，前任领导制定的规则在他离职后就没有人监督执行了，这样一来前任领导规定要提交的报告可能将不再适用，甚至前任领导定下的例会也变成"大家只是抽时间碰个面而已"，那么这些多余且浪费时间的工作就可以依据情况永久取消了。

如果没有办法直接永久取消，我们可以先尝试停止某个例会一个月。这种尝试的心理门槛会低一些。如果发现永久取消这个例会并不合适，可以通过减少开会次数或缩短开会时间的方式来解决问题。

从我个人的经验来看，有的会议减少了，不会对工作造成不良影响。很多人认为减少开会次数会对工作造成影响，这其实是一种误区。人会因为减少某些事情而产生抵触心理。比起减少工作量的好处，人们更容易将关注点放在放手后的失落感上。

不知道各位读者家中是否有买了一年以上却没穿过的衣服，或买了之后压根儿没翻开过，一直放在那里积灰的书呢？

如今我们可以在二手网站上转卖这些自己用不到的东西，但依然有很多人不愿意这样做。这些用不到的东西跟公司的有些例会一样，人们"高看"了它们的价值。

此外，对业绩提高没有任何帮助、过于繁重的工作也应该酌情减少。

3. 创造"独处时间"

有些文件需要集中精力认真准备。在进行这种工作时，一旦有人打扰，我们就很难恢复原有的专注状态了。因此，这种具有创造性的工作绝对不是利用5分钟、10分钟空闲时间就能完成的。

有些人认为下班后能避免别人打扰自己，从而选择加班完成工作。我不提倡这种做法。因为到了晚上，人的专注力往往会变差，完成工作要耗费更长时间，工作质量也会降低。

当遇到需要集中精力完成的工作时，我建议大家找一个没人的会议室，或者找一家咖啡店，以此安排没人能打扰自己的"独处时间"来完成工作。

> **小贴士**
>
> 为了保证自己和团队成员的身心健康，领导要时刻注意整个团队的工作量，要适量，不要过度。

控制自己的情绪，定期排解压力

虽然和下属建立信赖关系需要花很多时间，但这种信赖关系的瓦解却是一瞬间的事。

在这里我想向各位读者讲一件曾发生在我身上的事。

某一天，我的下属E某向我汇报了一个他犯下的重大错误。我没听完E某说的话就劈头盖脸地骂了他一顿。

"你怎么能犯这么低级的错误！你能不能工作靠谱一些啊！"

我训斥完E某后，立刻感到后悔。我知道自己的处理方式欠妥，但为时已晚。

当时在场的并非只有我和E某，还有其他人。他们都用一种微妙的眼神看着我。

之后，整个团队始终充斥着一种不和谐的气氛。几个月后，E某辞职了。

当时，我在公司任执行总经理，每天都有数不清的工作要处理，每天晚上都加班到很晚。于是，在不知不觉间，我的压力变得越来越大。

不能焦躁，不能对下属发火，沟通时要保持微笑——市面上有许多书都建议领导在与下属沟通时这样做。除了个别做出职权骚扰行为的领导，我想大部分领导在与下属沟通时都会注意这些的。

但是，即便领导平时注意与下属的沟通态度，偶尔也会在不经意间说错话。有时，语言甚至能成为"凶器"，并且语言带来的伤害会一直刻在对方心里，令对方始终无法释怀。

那么为何人们会条件反射般地拿起"语言"这件"凶器"呢？究其原因是压力的累积。

压力，会在人们不知不觉间累积起来。**在积攒的压力爆发出来前，我们在平时就应该注意压力的排解。**

很久以前，有一个跟我共过事的人曾表示："我排解压力的方法就是工作。"他确实是一个每天加班到深夜，十分努力工作的人。虽然他嘴上说着靠工作排解压力，但实际上他整日处于焦躁中，跟周围的人经常发生冲突。

由此可见，我们还是应该采取工作以外的方式来排解压力。最理想的状态是，既采取长期的压力排解方式，又采取短期的压力排解方式。

长期的压力排解方式，比如，每年休假两三次，去旅行，回老家，或者周末去爬山等。我们通过远离公司，能够让压力得到排解，也能够为自己充电。

但是，我们不能一感到有压力就出门旅行。因此，我们还需要采取短期的压力排解方式。

一般来说，这种短期的压力排解方式最好随时随地都能使用。比如，工作中遇到不愉快的事情时，我们可以立刻拿出家人或宠物的照片看一看，以此治愈自己。

此外，在家或公司附近进行5分钟左右的散步，这种方式也不错。每天做几次深呼吸运动或体操等舒展运动，在休息时听听海浪声等大自然的声音，也能够让人心情放松下来。

像这样有仪式感的放松方式，我们可以每天都使用，非常有效。

> **小贴士**
>
> 为了不让压力突然爆发出来，我们应该提前准备好长期的压力排解方式和短期的压力排解方式。

越是关键时刻,越要沉着冷静

遇到突发事件、遭遇危机或者陷入困境时,考验一位领导真正能力的时刻便到来了。

一位领导无论平时表现得多么具有带头能力,营造出多么强大的氛围,如果在诸如犯错或收到客户投诉等危急时刻失态(不断抱怨,甚至斥责下属),自此下属将不会再信任这位领导。

反之,平时看起来稍微有些"软弱",在工作中给予下属极大自由的领导,当下属报告一些麻烦事时,能够沉着冷静地应对,这样的领导会受到尊敬。

越是关键时刻越能看出一个人的本质。**下属会选择跟随陷入危机时能够沉着应对的领导。**

冷静，是成为一位出色的领导必须具备的素养。

遇事慌张的领导是不合格的，如果不能冷静下来，就无法想出合适的应对策略。慌张不已地做出错误的指示或行动，无异于火上浇油。

由于工作关系，我经常能结识到形形色色的领导。跟他们一打听我才知道，很多领导虽然在遇到问题时表面上表现得非常冷静，实际上他们内心忐忑不安。

在处理之前遇到过的问题时，可能很多人还能保持冷静，但如果这个问题是第一次遇到，就很难保持冷静。领导即便以前处理过类似的问题，如果面对的是不同的客户，或者下属第一次处理这个问题，也或多或少会有紧张情绪。

事实上，曾经的我遇到问题时也很容易张皇失措，甚至还会把自己的慌张情绪转移到向我报告工作的下属身上，说出"你们工作能不能认真点儿""为什么不能好好确认呢"这样的话来发泄自己的情绪。

在工作中遇到问题，虽然确实有必要批评造成问题的下属，但这并不是首要之事。遇到问题最先应该做的是考虑应对策略并采取行动。批评的目的是帮助下属改正错误，这件事完全可以之后再做。

我们在工作中遇到突发事件、遭遇危机时，可以采取以下应对方式。

做"冷静仪式"。

当下属向我报告某事时，我首先会听明白是好事还是坏事。

如果下属报告的事情很糟糕，我会对他说"哦，这可真是糟糕啊……嗯，我先去一下洗手间再听你报告，你稍等3分钟"，然后离开座位。除了万分紧急的事情需要立刻处理，一般等3分钟再答复下属不会造成什么影响。

我会在下属看不见的地方做做深呼吸、甩甩手，或者喝点儿水、吃片薄荷糖。接下来我会给自己加油打气一般吼一声"好嘞"，返回座位继续听下属汇报。

因为做了"冷静仪式"，这样一来，即便下属报告的是坏消息，我也不会条件反射般地立刻发怒或慌张。各位读者朋友也可以像我一样，设定一些能够让自己冷静下来的"仪式"。

> **小贴士**
>
> **工作中遇到问题时，你即便心中很慌乱，表面上也要保持冷静的样子。**

想办法让自己不慌张不急躁

一旦成为领导,着急上火的事情便会猛增。首先,从立场上来说,领导夹在上司和下属中间,有时还要作为团队的代表承受来自其他部门的抱怨或投诉,甚至还要和下属一起去客户那里道歉,偶尔还会被对方责骂。

遇到这种事情时,领导绝对不能将自己愤怒、焦躁的情绪发泄在下属身上。一旦领导将自己的情绪发泄在下属身上,那么无论之前与下属建立了多么良好的关系,都有可能毁于一旦。

接下来,我将为各位读者朋友介绍克制自己焦躁情绪的方法。

我们要掌握自己容易焦躁的规律,尽可能地避免容易出现

焦躁情绪的场景。 具体来说就是，我们要找到容易让自己焦躁的时间段，以及容易使自己焦躁的人，然后考虑对策。

1. 容易让自己焦躁的时间段

（1）星期三 14:00—16:00
原因：这是每个星期为客户 B 公司提交报告的时间。这项工作细碎且烦琐。
对策：在这个时间段，禁止下属"报联商"。独自待在会议室里两小时左右，集中精力完成这项工作。

（2）星期五 17:00 之后
原因：要制作业务报告书，并完成所有的收尾工作。
对策：由于快要进入周末，不能禁止下属"报联商"，因此可以通过喝一杯咖啡来调整自己的心情。

2. 容易使自己焦躁的人

（1）下属 C 某
原因：说话絮絮叨叨且抓不住重点。

对策：要求C某先在纸上整理一遍汇报内容再来找自己。对于C某来说，把想说的事情先整理一遍，便于汇报。

（2）业务部门的G科长

原因：大嗓门，并且总是喋喋不休。

对策：在与G科长谈话前，可以先看一眼手机屏保上的宠物照片。在谈话结束后，为了避免对别人发火，也可以通过看宠物照片来缓解自己的情绪。

> **小贴士**
>
> 在掌握自己焦躁的原因（时间段或人等）后，针对不同情况找到相应的解决方法。

培养能够辅佐自己的二把手

你一旦成为领导,首先应该做的一件事便是培养能够辅佐自己的二把手。

一般来说,一位领导最多能够管理好7位下属。因此,领导如果带领的是一个超过7人的团队,就要培养起能够辅佐自己的团队二把手。

以我个人的看法,即便是7人以下的团队,也应该有一个二把手。年轻的团队成员在工作中遇到不懂的事情时,比起直接询问团队领导,更偏向于询问执行层的二把手。有时,二把手还能做出领导没注意到的、站在基层立场上的回复。此外,为了避免做出错误的判断与指示,领导应该配一个能建言献策的二把手。

如果团队中并没有适合担任二把手的成员，领导就需要自己培养。

有句话是这么说的，"三流的领导留下钱财，二流的领导留下名声，一流的领导留下人才"。

"留下人才"也就是培养自己的继承人。领导应该避免自己带领团队时能够取得优秀的业绩，一旦自己升职离开，团队业绩便一落千丈这种情况。另外，当领导身体欠佳请假时，只要有一个可靠的二把手，就能让工作保持正常运转。

一个合格的二把手应该具备"贡献力"和"批判力"两个要素。根据是否具有"贡献力"和"批判力"，我们将下属分为以下四类。

1. 贡献力大、批判力弱的"唯唯诺诺者"

这种类型的下属对上级非常顺从，乍一看会让人觉得他们贡献力很大。如果他们具备一定程度的经验，领导就很容易倾向于选择这类下属做二把手。

"唯唯诺诺者"这种类型的下属在团队的业绩尚佳的时候不会有什么问题,一旦业绩低迷,就不会对团队起太大作用了。因为这种类型的下属只是"听话"而已,当领导指挥的方向错误时,他们不会提出反对意见或忠告,反而会"助长"领导的错误。

2. 批判力强、贡献力小的"叛逆者"

这种类型的下属往往比领导年长,或者与领导的性格截然不同。他们时不时故意找碴儿。

人无完人,领导也会有缺点。感性较强的创造型领导往往都不善于理性思考或制订计划。"叛逆者"类型的下属会毫不留情地指出领导的缺点。他们往往会将"批评"本身当作目的,对工作没有什么贡献。

此外,这种类型的下属往往能言善辩,具有一定的鼓动性,因此很有可能把其他人卷进来。这样会破坏团队的凝聚力,也会影响领导开展工作。

这种类型的下属会在背后到处说领导的坏话:"他总是给

出模棱两可的指示，做事没有连贯性。就是因为有这种领导，我们的业绩才提升不了。"有时他们还会在开会时直接指责领导的发言是错误的。他们希望通过这种方式获得周围人的好评，专门跟领导对着干。

我相信很多刚当上领导的人都被这种类型的下属折磨过。一定要记住，不要试图通过怀柔手段"收服"这种类型的下属而将他们选为二把手。

3. 批判力弱、贡献力小的"逃避者"

与领导的绝对追随者"唯唯诺诺者"这个类型相对的是"逃避者"。这种类型的下属已经放弃了出人头地，只是在形式上跟着领导做事。他们不会对团队做出太大贡献。

这种类型的下属认为，只要做一些不会出错的工作，尽量求稳就可以了，他们不愿意去挑战新事物。此外，他们将"那也没办法啊"当作口头禅，并把所有的责任都推出去。

不必赘述，这种类型的下属也不适合当二把手。

4. 贡献力大、批判力强的"协作者"

各方面能力均衡,可以弥补领导的欠缺,辅佐领导带领团队良好发展的正是这一类下属。

这种类型的下属十分聪明,虽然有时因为批判力较强也会让领导犯难,但他们的贡献力很大,能够帮助团队取得很好的业绩。

这种类型的下属平时大体上比较听从领导的话,偶尔会尖锐地指出问题。他们并非单纯地听话,到了关键时刻,他们能够顶住压力提出宝贵的"逆耳忠言"。或者,他们虽然平时总是跟领导"唱反调",但在关键时刻能成为领导坚实可靠的"左膀右臂"。

这种类型的下属能保全领导的面子,反驳领导时会顾及领导的情绪。他们并不会当众提出反对意见,而是单独找领导商量。

因此,这类"协作者"最适合当二把手。

小贴士

领导要让自己信任的下属当团队二把手,以此提升整个团队的实力,减轻自己的压力。

二把手的作用

团队二把手需要尽到以下三个职责。

1. 领导和团队成员的传话筒

二把手必须具备能将领导的指示准确明了地传达给团队成员的能力。比如，当领导要求下属完成某项工作时，二把手至少要传达清楚以下三个信息。

What：工作内容是什么，希望取得什么样的成果；
Why：为何必须做这项工作；
How：如何推进。

实际上，很多领导在向下属下达指示时，往往会忽略掉"Why"这个部分。下属如果不明白为何要做这项工作，就很有可能在工作时不情不愿。因此，为了让下属投入工作，领导必须交代清楚做这项工作的原因。

有时，领导还要根据下属的性格特点，改变委派工作的方式。比起领导直接委派工作，二把手将工作分配给下属往往效果更好。

此外，二把手还要成为团队成员向上级提出要求或意见的"传话筒"。通过二把手的介入，领导就能够时刻掌握团队成员的想法和基层工作的真实情况。

对于承担了"传话筒"任务的二把手来说，这项工作有利于他们提高自己归纳、概括的能力。

2. 团队成员的顾问

很多时候，下属不会直接找领导商量事情。有时即便领导努力营造出"欢迎大家来商量"的氛围，下属也不会找领导商量事情。

平时，我通过演讲、培训等接触到形形色色的领导，他们都表示"下属几乎不来找我商量事情"。

我通过询问一些人,总结出下属不找领导商量事情的两点原因。

(1)认为找领导商量的事情必须是要紧事;
(2)目前只是实现可能性较低的想法,所以说不出口。

由此可见,下属往往会把找领导商量事情的门槛设置得很高。正因如此,才需要二把手充当团队成员可以商量事情的顾问。找领导商量不好开口的事情,找二把手商量,相对来说好开口一些。

3. 领导的进言者

领导是孤独的,偶尔也想发发牢骚,需要一个能够商量事情的人。这个时候,二把手就要充当起帮助领导排解压力的"心理治疗师",充当起进言献策的"军师"。

因此,领导应经常跟二把手进行交流,尽量不要对二把手有所隐瞒。每周哪怕拿出一点点时间,领导都要跟二把手进行一次面对面的交流。

有些信息可能传不进领导的耳朵，但二把手是知道的。这些信息可能是关于团队成员、客户、竞争对手等的重要信息。为了不漏掉这些重要信息，领导需要定期跟二把手开会。

甚至领导有时还会从二把手那里听到一些比较刺耳的话。面对这些"逆耳之言"，领导一定要耐心倾听。

如果二把手能够很好地尽到以上三个职责，那么今后他成为领导时会大有作为。

"好的选手并不一定能成为好教练。"如这句话所言，领导层与执行层的工作内容其实并不相同。无论是多么优秀的执行层员工，当他升到领导层时都只不过是这个岗位的新手。他如果在当二把手时积累了足够的经验，今后从执行层升到领导层时就更容易上手。

领导应该不断帮助二把手积累工作经验。二把手的成长也能够帮助领导减轻负担。

小贴士

让二把手成为"领导和团队成员的传话筒""团队成员的顾问""领导的进言者"。

第三章 / 获取下属的信赖

尽量不要频繁地与下属一起出去喝酒

我相信很多人会在下班后和下属一起去喝酒,以此促进双方的交流,增进相互了解。

虽然近年来很多日本年轻人都不喝酒了,这种"酒桌交流"比之前少了许多,但至今日本仍然存在这种职场文化。

一方面,这种"酒桌交流"便于领导倾听下属的烦恼,了解下属工作之外的"样子"。另一方面,通过跟领导或前辈去喝酒,下属可以学到一些职场上的应酬方式。

但如今的社会已经发生了巨变。在追求多样性和创新想法的时代,领导只是跟公司内部的人喝酒,恐怕很快就会被时代淘汰,跳不出自己的小圈子。因此,领导尤其需要多与公司以外的人接触，以便获取新信息。

通过与下属一起去喝酒，加深了解，这种方式本身没错，但应注意，和下属喝酒这项活动不要过于频繁，最好选择在年会或者项目开始前的启动宴、项目结束后的庆功宴进行。

> **小贴士**
>
> 领导要减少与下属一起喝酒的次数，多与公司以外的人接触。

和所有下属的接触要一视同仁

领导必须注意的一件事是：**在对待团队成员的态度上不要厚此薄彼**。比如，领导在跟 A 某聊过之后，也要以同等的频率保持跟 B 某、C 某的沟通。

但是，在实际工作中，想要跟团队各个成员保持均等的沟通量并非易事。比如，行政工作比较多的 A 某大部分时间都待在公司里，而做销售的 B 某则要经常出去见客户，很少在公司里待着。

领导也是普通人，很难避免对团队成员有亲疏之分。团队中既有好沟通的下属，也有难以沟通的下属。

对于领导来说，他可能恨不得每天下班后都找业绩优秀的 A 某去喝酒，但是对业绩不好的 B 某则提不起劲头。

虽然这是人之常情，但站在"被冷落"的下属的角度来看，他可能会认为"领导这么冷落我，是不是讨厌我啊"。这种不安会导致团队的氛围变差，甚至直接影响其工作表现。

据说，前职业棒球教练野村克也从来不会参加选手们的婚礼。对此，野村教练解释道：这是为了避免选手产生"教练参加了那个选手的婚礼，却不参加我的婚礼"这样的误解。

这很好理解。我们假设野村教练参加了其他选手的婚礼，但在某位选手举办婚礼那天，他正好有事抽不开身。这样一来，虽然野村教练没有差别对待的意思，但可能让那位选手感到不愉快，甚至造成选手对教练的不信任。因此，为了不引起厚此薄彼的误会，他从一开始就立下规矩，不参加任何选手的婚礼，这样就公平了。

> **小贴士**
>
> 领导要注意，在与下属交流时，不要出现厚此薄彼的情况。

让下属多进行"报联商"的技巧

在进行演讲和培训时,很多领导会向我咨询各式各样的问题,其中咨询最多的问题是:"下属不像我设想的那样经常找我'报联商',这个问题该怎么解决呢?"

其实我们只要下一点儿功夫就能够解决这个问题。接下来,我将为各位读者介绍几种方法。

1. 不问"为什么"

或许听我这么说,很多人想立刻反驳:"询问原因不是很重要的吗?"

确实,在工作中遇到问题时我们需要思考原因,并深入探究。在丰田汽车公司和 Recurit 等知名企业,领导会告诉下属"如果出现问题,就问五次为什么"。在这里,我并不是要否认探究原因的重要性。

我们应该注意的是,"为什么"这个词应该只在自我反省时使用。比如,当最终结果与计划严重偏离时,为了找到失败的原因或者重新制定新方案,就可以问自己"为什么会出现这样的结果"。但领导如果这样去问下属,就欠妥了。

"为什么没赶上截止日期?"
"为什么被竞争对手抢走了订单?"
"为什么搞错了预算?"

如果被领导这样询问原因,下属就会感觉自己受到了责备。对于地位低的人来说,来自地位高的人的"为什么"有着很强的压迫感。

接下来的这个说法可能有点儿极端:如果职场上少一些问下属"为什么"的领导,就会少一些受到精神打击的下属。

我要再强调一下，我并不是说分析原因这件事本身是错误的。分析原因确实非常重要，只不过"为什么"这种说法有点儿咄咄逼人。

因此，我们要做的是不使用"为什么"，用"是什么"来代替。我们可以试着把上面三个例句中的"为什么"都替换成"是什么"。

"是什么原因造成没赶上截止日期？"
"被竞争对手抢走了订单的主要原因是什么？"
"搞错了预算的原因是什么？"

经过这样的对比，相信大家能感觉到被问的一方不会那么紧张了。

使用"为什么"来询问，很容易让人感觉别人在责备自己。与此相对，使用"是什么"则会将问话的重点聚焦在发生的事情上。因此，被问的一方若能够站在第三者的立场，考虑应对策略时就会更加从容。

对于我的这种观点，很多人可能会产生质疑，认为"如果不严厉地对待失误的下属，有违常理"，但我认为重要的并不是让下属感受到威胁，而是让下属能够进行反思，总结经验教训。因此，我们要做的是**让下属能够冷静地思考自己失误的原因**。

2. 只提供解决方案的提示

对于必须尽快解决的投诉等紧急问题，领导可以为下属提供具体的解决方案；对于非紧急问题，比起直接提供给下属解决方案，只给提示，更有助于下属成长。

中国有句古话："授人以鱼，不如授之以渔。""授人以鱼"只能救一时之急，"授人以渔"则可解一生之需。

领导必须让下属能够在工作中独当一面。领导将解决方案直接告诉下属，乍一看是很体谅下属的行为，其实并非如此。

在把解决方案的提示提供给下属时，领导首先要注意不能强迫下属，其次要注意耐心等待下属自己找到解决方案，即便在这个过程中要花一些时间。如此一来，下属的成长速度会加快。

在与下属谈工作时,领导要注意自己的态度,不要用居高临下的语气和对方说话,否则会令其反感。

3. 比起变成"能干的人",更应该变成"让下属容易找自己商量事情的人"

领导往往希望自己被别人视为"能干的商务人士",但这会起反作用。

曾经,有一个我认识的人在酒桌上自吹自擂地说道:"我在工作中相当能干。如果有 10 个人能跟着我干,我们公司绝对会成为业界标杆。"

此人作为执行层员工确实非常优秀,但下属不愿意跟着他干,他的团队离职率非常高。后来,他本人被公司降职,最后选择了辞职。

事实上,下属很难开口找这类领导商量事情。

"如果我去找他商量这件事会被骂吧。"
"如果我报告了这件事,他对我的评价肯定会降低。"

这类领导会让下属产生上述这些不安感。

在第一章中我为各位读者朋友介绍过,领导比起宣传自己能力有多强,不如在下属面前"暴露"自己的不足之处或过去的失败经历。比如,领导可以在下属面前讲一讲"我曾经犯过很大的过错,幸亏我找当时的领导商量,才渡过那一关"这样的事情。这样一来,下属就会认为"原来他也犯过这样的错啊",并由此认为你是一位很容易商量事情的领导。

小贴士

在与下属接触时,领导要注意方法和态度,这样更容易使下属找领导"报联商"。

不在人前表扬与批评

经常有人说"表扬在人前,批评在人后"这样的话。确实,领导最好不要当着其他人的面批评下属。

如果领导当着其他人的面批评下属,即便下属明白自己有错,也会觉得领导让自己在别人面前丢脸了。

此外,很多下属在培训时对我说:即便自己没有被训斥,在旁边看到别人被训斥的样子,自己的情绪也会随之变得低落。

因此,领导最好避免"为了引起其他人的注意,故意在大家面前训斥做错事情的下属"这种做法,如果有需要大家都注意的问题,在开会时告诉大家就可以了。

那么，关于"表扬"这件事呢？可能很多人认为在大家面前给予下属表扬是不错的做法。但这件事其实与下属的性格有关，并不能一概而论，在人前表扬并不一定能收到好的效果。

比如，A 某是那种在人前受到表扬就会很高兴的类型，但 B 某则完全不同。B 某可能会因为自己受到表扬而顾及前辈的情绪，或者担心自己因受到表扬而会被同事认为自己得意忘形，也就是说，B 某非常在意周围人的看法。

曾经我就有一位像 B 某这样的下属，那时我总是表扬他。即便 B 某每次受到表扬都流露出有些为难的表情，我也没有过多地考虑原因。突然有一天，B 某辞职了。由于我是那种受到表扬会很开心的人，所以那时我根本无法理解 B 某的心情。

因此，领导在表扬下属时最好也采用一对一的方式。

当然，在表彰大会上表彰工作突出的员工，这种情况例外。此时，不管被表彰的人性格如何，这种仪式感十足的表扬都很有必要。

另一个需要注意的事情是表扬不在场的下属的做法。如果其他下属与这位不在场的下属相处得并不融洽,领导的表扬就会引起其他下属的嫉妒或敌意。因此,在表扬不在场的下属时,领导一定要留心下属之间的关系。

> **小贴士**
>
> "批评"要采取一对一的方式,"表扬"由于情况不同效果大相径庭,因此采取一对一的方式最保险。

说坏话和抱怨会让下属对领导产生不信任感

如果你说了不在场的某个人的坏话，早晚都会被那个人知道，而且听到你说别人坏话的人也会对你产生极差的印象。

一旦成为领导，随着与下属和其他部门之间的交流增加，你会渐渐变得很想吐槽或抱怨别人。你可能会遇到根本不听自己话的年长的下属，只做交代的工作的下属，一点儿不讲情面的其他部门同事，等等，想抱怨、吐槽的人和事数不胜数。

虽然我能理解各位领导想要发泄不满的心情，但这类行为最好不要在下属或同事面前做。

举个例子，你对比你年长的下属 B 某深感不满，于是便对其他下属抱怨道：

"B某太拘泥于企划书了,有些另类。"
"B某完全不照顾晚辈。"
"B某根本就不努力开创新业务。"

这些话应该直接跟本人讲清楚,而不是在其他人面前抱怨。对方一旦知道你在背地里说他坏话,就会对你心生芥蒂,并且必定会影响工作进度或业绩。

此外,如果你在下属面前说团队其他成员的坏话,下属就会这样猜疑:"领导是不是也是这样看我的?""领导背地里是不是也说我坏话了?"

在这里,我想给各位读者讲一件我当年做领导时的失败经历。

当时在公司担任营销经理的我曾跟两位下属抱怨过业绩一直无法提高并总是找借口的C某,并说道:"我正在考虑把C某调到别的部门。"

两位下属似乎也对C某有所不满,当时附和了我说的话。

随后，两位下属中的G某开始不露声色地躲着我。在此之前，无论好事还是坏事，G某都会及时向我汇报。在此之后，G某不再向我汇报任何事了。

我向当时团队的二把手打听过后才了解到，G某很担心自己一旦业绩下滑或犯了错就会落得C某那样的下场。也就是说，G某担心的是"明天就轮到自己了"。但我根本没有那样的想法。

通过这件事，我彻底明白，说不在场人的坏话或抱怨对方是一件影响非常不好的事情。

不过，领导不是圣人，对于工作一塌糊涂的下属或其他部门的刁难总会想要吐槽或抱怨一下，如果总是保持沉默，不说出来，就有可能积攒很多压力。以下两种方法或许很适合解决这个问题。

1. 向二把手倾诉

领导遇到发愁或不愉快的事情时，可以向二把手倾诉。这样会加深彼此的信赖。此外，二把手能站在执行层的角度考虑问题,很有可能会找出领导没注意到的问题。

2. 向与本职工作毫无关系的人倾诉

倾诉工作上的事情时,领导千万不要找因工作契机认识的人,可以找因兴趣结识的或者通过讲座、业余学习班等认识的"与本职工作毫无关系的人"。

很多时候,正因为倾诉对象与自己的本职工作毫无关系,所以反而能够站在客观的角度给自己提供意想不到的思路。特别是在其他行业有所成就的人,他们的话往往十分具有参考价值。

> **小贴士**
>
> 领导不要当着下属的面吐槽或抱怨,而要向团队二把手或者与工作毫无关系的人倾诉。

让下属决定面谈的内容

为了能够更加了解下属,与下属建立信赖关系,我们要尽可能地与下属进行一对一面谈。

对于我的这个想法,很多人会立刻表示:"不用你告诉我,我们公司每年都会进行两次工作表现评价面谈。"

如果每年只是进行两次面谈,那么就很难让下属成长起来,至少每月要进行一次一对一面谈。在面谈中要设定恰当的工作目标,并对工作过程中的 PDCA 进行评价。这种面谈需要由领导主导。

此外,还有一种面谈方法是在雅虎和谷歌等公司实行的"一对一沟通"。主导这种面谈的并非领导,而是下属。

在一对一沟通中，领导要让下属畅所欲言，领导则负责认真倾听。

有些下属总是难以将自己真正的想法开诚布公地说出来。虽然这种情况有时候是由领导营造出的难以沟通的氛围造成的，但大部分是下属的性格所致。

遇到这种情况，领导要耐心等待下属对自己敞开心扉，要慢慢花时间与下属建立信赖关系。

如果下属依然无法敞开心扉，那就要考虑其他原因了，比如下属畏惧领导，或者下属的心理安全感未得到保障。

为了保障下属的心理安全感，领导要努力营造"放心，可以对我说哦"这样的氛围。具体来说，领导可以先坦率地聊聊自己的失败经历、内心想法，或者聊一聊下属感兴趣的话题。

虽然身为领导的你平时尽量不在下属面前表现出威严，但只要由领导主导面谈，面谈时间往往就会变成确认下属手头工作进度，领导单方面指挥下属的时间。这样一来，下属就很难跟领导倾诉自己真正的想法或烦恼。

在面谈时,领导和下属既可以谈工作,又可以聊生活。总之,领导要记住一个宗旨:让下属把自己想说的话尽情地说出来。具体来说,领导可以按照以下步骤推进面谈。

领导:今天我们聊什么呢?
下属:我在结算上进展得不顺利,我很苦恼。
领导:嗯,这样啊……然后呢?
下属:当我发了提案书后,客户总是不给答复。
领导:对方不给答复啊?
下属:是的,这种时候我总是很焦躁。
领导:这样啊,你会因此而焦躁。
……

一旦让下属决定面谈的内容,下属就会打开话匣子,聊起来。

相反,如果领导决定面谈内容,往往就会出现下面这种情况。

领导：今天我们针对结算这个问题来聊聊吧。

下属：好的。

领导：A某，你在结算上是不是进展得不顺利？

下属：是的。

领导：什么地方有问题呢？

下属：当我发了提案书后，客户总是不给答复。（然而，在这次面谈中，下属真正想聊的内容是关于如何提高工作效率。）

像这样的面谈，下属无法说出自己的真实想法，真正的烦恼便无法得到解决。下属如果始终处于烦恼的状态，就无法提高工作积极性，进而影响工作表现。

这样看来，相信各位读者朋友已经明白让下属决定面谈内容的重要性了。

有些下属的烦恼来自工作以外的私生活。领导可以在一对一面谈时倾听他们的这些烦恼。如果下属会跟领导倾诉生活中的烦恼，那就说明这位领导保障了下属的心理安全感。

但是，对于下属私下的烦恼，领导往往无法解决。并且，如果领导一味地帮忙，就会过多地干涉下属的私生活，这样做是不可取的。那么，我们究竟该怎么做呢？

在下属找自己倾诉生活中的烦恼时，领导不应该帮其想办法，而应该认真听他倾诉。

领导：今天我们聊什么呢？
下属：我可以说一些我生活中的烦恼吗？
领导：可以啊。
下属：我上个月跟女朋友分手了，分手前我俩大吵了一架。
领导：这样啊。
下属：说实话，我最近因感情上受到打击工作时总是心不在焉。
领导：你也很不容易啊。
下属：是的。最近我通过室内五人足球结识了许多新朋友，我感觉自己逐渐从打击中走出来了。
领导：这样啊，那真是太好了。
下属：这个月我会弥补上个月的不足，更加努力的。
领导：好，相信你。

总之，比起让别人帮助自己解决问题，下属更多的是希望有人能够倾听自己的烦恼。这时，领导需要做的便是认真倾听下属的声音，努力理解对方的心情。

> **小贴士**
>
> **在一对一面谈中，要让下属把想说的话说出来，领导始终充当倾听者的角色。**

将行程"可视化"

吉田正为了会议的准备工作而忙碌着:还有 30 分钟就要开经营会议了。我必须在会上做报告。为了能够让参会者更明白我的意图,我需要再做一份补充文件。但现在开始做似乎时间有些来不及了。怎么办呢……

这时有人在身后叫他:"吉田,你能过来一下吗?"

吉田回头一看,是经常在工作中出错的 C 某。于是吉田不耐烦地回答:"偏偏这个时候来找我,你要干吗啊?你看不出来我正在忙吗?拜托你有点儿眼力见儿行不行!"

随后,C 某在其他同事面前抱怨道:"吉田嘴上说欢迎大家随时找他'报联商',但刚才我去找他,被他臭骂一顿。"后来,下属找吉田商量工作的次数减少了。

上述这种情况,究竟错在哪一方呢?我认为吉田自身的问题更大。

吉田自己先说了"欢迎大家随时找我'报联商'",但当下属真的找他时,又遭到他责骂,这样他便失去了下属的信任。之后,下属的"报联商"次数自然就少了。

那么,作为领导的你如何做才是正确的呢?这个问题非常简单,只要你对团队成员公开自己的行程就可以了。这样下属就会明白什么时间找你是合适的。比如,下属可以通过领导公开的行程判断出"领导15点要开会,我最好上午去找他"。

在公开的行程中,除了体现与客户交涉或与公司其他部门沟通的时间,制作文件、查资料等由领导独自完成的工作也应该体现出来。这样,在领导忙得焦头烂额时,因下属来找他而使他烦躁不已的情况就会减少,从而使他能够拥有集中精力工作的完整时间段。

团队所有成员都可以公开自己的行程。这样一来,领导便能掌握谁要用多长时间做什么工作,分配给某位下属的工

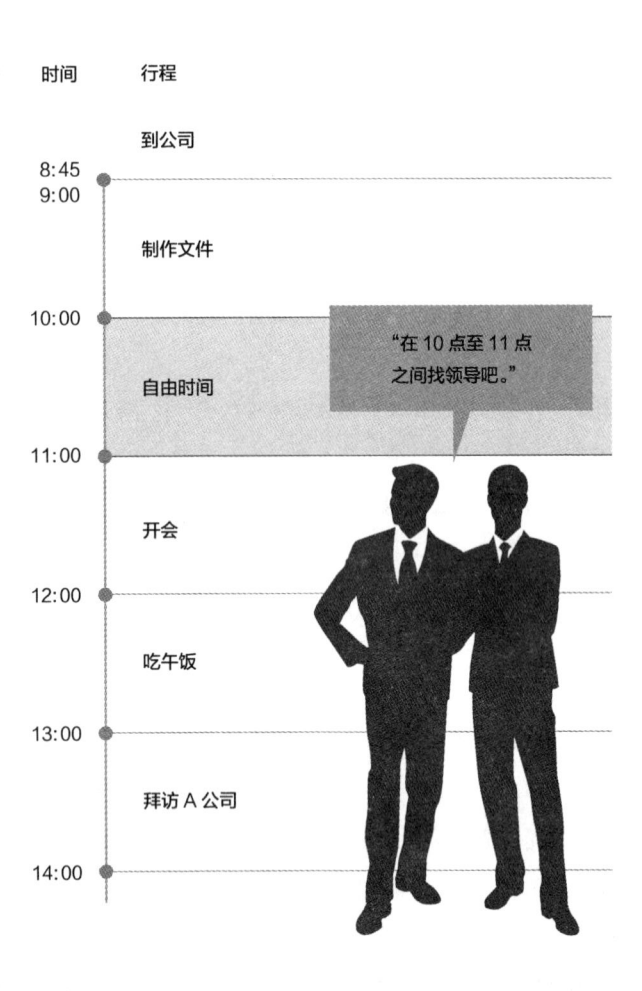

时间	行程
8:45 9:00	到公司
	制作文件
10:00	
	自由时间
11:00	
	开会
12:00	
	吃午饭
13:00	
	拜访A公司
14:00	

"在10点至11点之间找领导吧。"

图2　下属通过领导的行程判断出找领导沟通的恰当时间

作是否过于繁重等；也能了解下属的时间安排，即便有些下属不经常来找自己商量事情，也不会那么担心了；并且有助于判断自己在工作安排上是否偏袒了某位下属。

此外，在工作间隙安排一些休息时间也很重要，我将其称为"偷懒时间"。不仅领导可以这样做，团队成员也可以这样做。

我们如果把工作安排得满满当当，一旦发生什么意想不到的突发事件，就难以保证有时间和精力去应对。或者，如果在应对突发事件上耗费了许多时间，那么原本这个时间段应该完成的工作便受到了影响，无法按计划完成。如果我们每天把工作安排得过满，就会导致自己总是工作到很晚，从而影响自己的身心健康。

为了能够尽早发现并解决问题，无论是领导还是下属，都应该互相将自己的行程"可视化"。

> **小 贴 士**
>
> 领导通过团队全体成员公开自己的行程，掌握每个人的工作安排、空闲时间以及工作量。

不能越级谈工作上的事

假设你是营业部的部长,营业部下面有 3 个科,因此有 3 个科长,每个科有 10 名员工。

在这种情况下,身为部长的你不应该越过科长,直接与某个科的员工谈工作上的事情。因为这样做可能导致被"忽略"的那位科长认为你"越过了他",而对你产生不悦感或不信任感。

我们再反过来看。如果你手下的科长越过你直接找你的上司谈工作上的事情,你的心情如何呢?你一定不会开心,很想问问那位科长"你们背着我说了些什么"。

"越级"这种事在领导与二把手之间也存在。比如,作为领导,你绝对不能跨过二把手 C 某,直接向 C 某的后辈

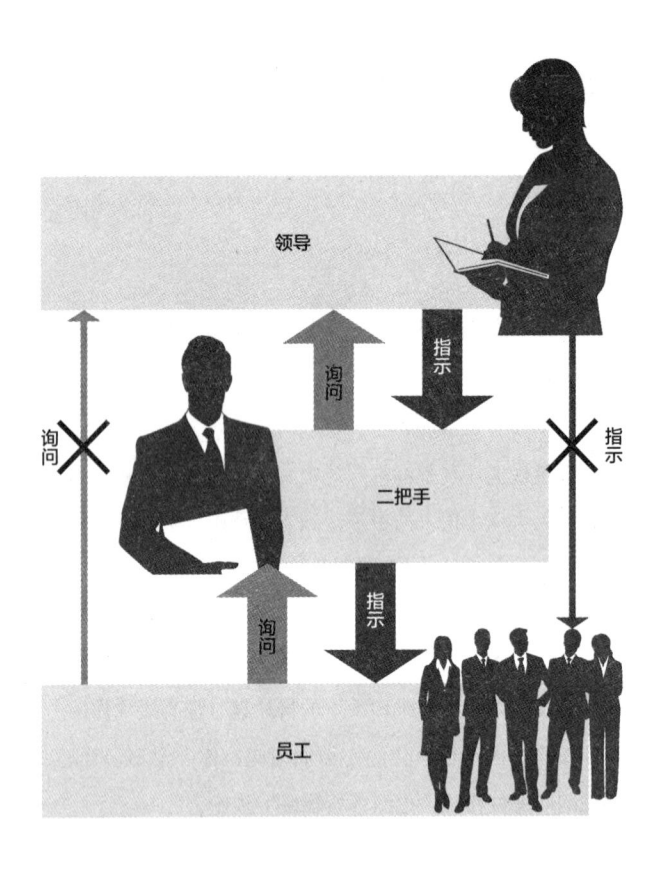

图3 不越级汇报，不越级指挥

G某下达命令。即便从上下级关系来看，G某是你的直属下属也不行。如果G某直接向你汇报工作或者商量事情，你就要和他说，有事情先找C某。假设有件事情必须跟G某直接讲，那么最好C某也在场。这样就能够增强你与二把手之间的信任。

此外，如果领导不介入，二把手在指导后辈这样的非正式工作上就不会偷懒了。虽然二把手明白现在指导后辈工作，将来在自己当上领导时后辈就会成为自己的得力助手，但由于这份工作得不到直观的评价，因此总会被推后或不受重视。特别是在忙碌时或者二把手自己的业绩不理想时，他就更加顾不上指导后辈了。因此，为了让二把手尽到责任，当团队成员向自己征求意见时，领导不能直接回应。向下属布置任务时亦如此，一定要让二把手经手，由他布置下去。

> **小贴士**
>
> 领导可以通过"不越级"的管理方式，锻炼二把手的领导能力。

第四章

善于交办的领导，
会培养出优秀的下属

不断将工作放手,交给下属

接下来,我将为各位读者介绍我过去曾接触过的三位"令人感到遗憾的领导"。

第一位领导 A 某因为"不想被下属赶超",所以从来不肯把工作交给下属。他担心下属如果工作表现优异,就会不再听从他的管理,或者超过自己,爬到比自己更高的职位。

在这个团队中,下属只能做一些重复、简单的工作,得不到成长,而 A 某总是忙得焦头烂额。

这样的团队不论何时业绩都不会有很大突破。

第二位领导 B 某对团队的大小事宜都要操心、过问。因为他很担心如果有人擅自做了什么事,就会捅出篓子,所以不论多么小的事情他都要大包大揽,而对于不按照自己要求做事的下属则会苛责。

渐渐地,B某的下属抱着"与其尝试新事物被骂,还不如什么都不做"的态度,只完成最低限度的工作。

在这个团队中,培养不出能力可以超越B某的人,因此只有B某一个人忙来忙去。当然,这个团队的整体业绩也无法提高。

第三位领导C某与A某、B某截然相反,他经常要求下属帮自己做事。他让下属做的都是些资料的图表制作,校对是否有错字漏字这类打杂性的基础工作,而不是那些需要通过自主思考来开展的具有创造性的工作。因此,不论经过多长时间,这个团队的下属都无法成长起来。

跟前两个团队一样,团队中最忙的人一直都是C某,C某的口头禅是"我真希望下属都能够积极参与工作"。

这个团队的业绩也得不到提高,并且离职率非常高。

坦白讲，上述三位领导都不合格。他们给自己无故增添了许多工作和负担。

归根结底，**领导的工作就是"让团队全体成员都能达成工作目标"以及"培养下属"**。上述三位领导都没有做到这两点。

"组织的成长无法超越领导的力量。"很多人都误解了这句话的真正含义。误会这句话意思的人往往都理解错了"力量"，他们认为领导必须在方方面面都比下属优秀。

实际上，领导与下属的岗位职责是不同的。比如，关于销售方面的工作，下属平时经常接触客户或者有潜力成为客户的人，因此掌握着许多相关信息。有的领导并不像下属那样经常接触客户，自然掌握的信息就没有下属多。

领导如果带着对抗意识看待这件事，认为自己必须努力超过下属，就会在错误的方向上努力，最终导致自己本应做的工作完成不了。

领导如果过度介入一线工作，就可能会夺走下属的工作；或者事无巨细都要亲自指挥，下属很难开展工作并得到成长。

比起"按照指示工作"，"自主思考后工作"往往能让人的工作积极性得到提高。

因此，领导可以不断将工作和权限分配、下放给下属，让**下属自主完成工作，通过"赋能授权"的方式促进下属成长。**

虽然下属最初可能会经历失败，但领导不用过分纠结。这就好比儿时学骑自行车，没有哪个孩子能在没有辅助轮的情况下直接就会骑。大家都是经历过多次跌倒后才学会骑自行车的。工作也是同样的道理，领导首先应该给予下属失败的机会。

领导如果希望下属成长，就应该将自己拥有的信息、资源、权限给予下属，然后让他们按照自己的想法去推进工作。这才是真正的"育人"。

总是拘泥于自己做法的领导，无法获得这种育人的能力，并且最终导致工作停滞不前。

小贴士

领导通过不断将工作和权限交给下属来让下属成长,团队整体的业绩就会提高。

不要命令，而要商量

在此，我要为各位读者朋友介绍我自己的一段经历。

曾经我带领的销售团队有一个月的业绩非常不理想，距离月末仅有一周时间时，连达成销售目标的影子都看不见。

那时，我跟二把手T某一起去拜访某位大客户。下面这段对话发生在见完客户后我们一起吃午饭时。

我：这个月还剩一周啊……T某，你这个月的业绩增长率达到120%，连续10个月都保持住了，真是帮了我大忙。
T某：谢谢您的夸奖。但我们团队这个月的业绩增长率能否到100%就不好说了。
我：确实有些悬。
T某：这个月O某和M某距离目标的完成还差得远呢。要不把我的业绩分一些给他们吧。我会给大家发加油的短信,鼓励大家一起在月末冲刺。

我:真不好意思,这事本来应该由我来做。那我就恭敬不如从命了。

T某:您太客气了。我更希望您能直接对我提出这样的要求。

T某的努力没有白费,那个月末团队成员都非常努力,最终达成了业绩目标。

另一方面,隔壁团队的领导K某经常喋喋不休地命令下属做事。

"喂!H某,你要坚持到最后啊!"
"你跟J某联系上了吗?"

K某总是以这种命令的口吻跟团队成员说话。如果只是对年轻人这样说话就算了,他和自己的二把手说话时也用命令的口吻。

其实,我曾经也用这种命令的口吻指挥下属做事。因为那时的我认为,身为一位领导必须保持威严。而且我那时觉得,领导找下属商量事情是一件很丢人的事。

那时,我"绝对不想被人认为是靠不住的领导""不想被别人认为自己无能",并且觉得"领导如果遇到困难,就要靠自己解决""对于不听话的下属,就要强制要求他按自己说的做"。

我曾经一度以为,能够强势带队的领导会受到大家的追随。但我大错特错了。事实上,领导有时可以向下属示弱,可以找下属商量事情,这样做能使下属将工作"视为己任"并积极地行动起来。这样的道理是 T 某教会我的。

> **小贴士**
>
> 遇到事情时,领导不要用命令的口吻指挥下属,而要和下属商量。

通过找下属"商量",提高下属的干劲

假设你要指出下属这个月没有完成销售额目标,下面两种说法,你认为哪一种更能让下属产生干劲呢?

"喂!销售额距离目标还差1000万日元啊,还剩10天时间,你得想想办法。"
"还有10天时间,要达到1000万日元的销售额目标,有没有什么办法呢?"

不用说,自然是第二种说法更能让人产生想要努力一把的想法。对于领导找自己商量的事情,下属会积极思考解决策略。领导要做的就是通过商量或者提问的方式,让下属积极思考。

如果领导采用下面这种说法,下属会有什么感受呢?

"喂！还差 1000 万日元的销售额，剩下这 10 天你得想想办法。下个月还要面临一样的问题，所以你得想出解决策略。"

如果领导用这种命令式口吻指挥下属，下属就会认为这项工作是"被迫"做的，而且还会觉得领导把麻烦事都甩给自己了。

因此，在委托下属做某件事或者想将某项工作交给下属做时，领导不要用"命令"的形式，而要用"商量"的形式。

× 你记得预约好年末聚会的场地。
× 从下次开始，讲座宣传页的制作就交给你了。
× 下个月起你就负责对接 E 公司了。

上面这些"命令"很容易让下属感觉自己在被强迫做事。为了避免这种问题的出现，我们可以试着把它们都改成"商量"的语气。

√ 年末聚会的场地选在哪里合适呢？你有什么推荐的地方吗？

√ 从下次开始，能不能请你来负责讲座宣传页的制作呢？
√ 由于G某调到其他部门了，能不能拜托你来接替G某的工作，负责对接E公司呢？

虽然工作内容相同，但领导如果把说法由"命令"改为"商量"，下属就会感觉自己得到了领导的尊重与信任，并且获得了心理安全感。

如果领导"命令"下属做事，下属就很容易潦草地应付工作；如果领导以"商量"的方式拜托下属，下属就会产生责任感，从而提高工作质量。

小贴士

领导通过将指示转变成商量或提问的方式，就会使下属将工作"视为己任"。

不能放手交办的领导是不合格的

我们先举个例子。

A某和B某在同一家公司,分别担任不同的销售团队的领导。现在到了月末,两个团队都差一点儿就能完成销售目标。

A某和B某比自己团队的任何一位下属的销售能力都要强,二人在执行层的岗位时总是能超额完成销售目标。

A某为了能够签下新客户,便开始自己跑销售。B某则将自己负责的客户转交给下属,自己担任起辅助的角色。

我想请问各位读者朋友,如果遇到这种情况,你会选择A某的做法还是B某的做法呢?

我在前文提过,领导的工作就是"让团队全体成员都能达成工作目标"以及"培养下属"。相信大家都能判断出来,B某的做法才是身为一位领导面临这种情况时的正确做法。A某还没有完全脱离执行层的岗位,甚至可以说,A某作为团队的领导并不合格。

"我团队的那些人啊,根本就不会自发地工作。"这样抱怨的领导往往就是那些不懂得放手把工作交给下属的人。

领导如果不能将工作交办给下属,就会导致以下问题。

1. 下属无法成长起来

如果领导只让下属做确确实实能做好的工作,下属就永远成长不起来。因此,领导完全可以将预算或者销售计划这类更考验能力的事情交给下属处理。

当然,这并不是说将工作交给下属后领导就可以不闻不问了,每一个关键节点依然需要领导进行确认和监督。

虽然一开始这样做可能会花费一些时间和精力,但只要下属适应，很快就能做好。

2. 领导需要长时间工作

如果工作堆积如山，领导就不得不加班至深夜。领导如果在公司加班到很晚，就会导致下属即使想回家也不好意思先走。

有些领导会将工作带回家，而不是留在公司加班。这可能会违反公司规定，并且会影响领导的身体健康。

此外，领导如果没有自己的时间，就无法通过阅读或者社交等方式开拓视野、提升自我。领导自身的成长停滞，自然会影响其所带领的团队的成长。

3. 领导不在时工作就无法顺利开展

下属如果不能在一定程度上顶替团队领导的工作，那么当领导突然因身体欠佳等个人问题请假时，就会给客户或者相关人士造成困扰，甚至可能会影响公司的信誉。

因此，除了平时放手将工作交办给下属，领导还要将自己的一些知识和技巧教给下属。

4. 下属无法产生主体性

如果领导总是让下属从事相同的工作或者简单的工作，下属挑战新事物的欲望就会降低。更重要的是，下属无法产生主体性。甚至有些下属会产生"只要不犯错就可以了""只要不挨骂就行"等这样的想法。

> **小贴士**
>
> **我们并不是要等下属"学会了之后再交给他工作"，而是要"通过交给他工作让他学会"。**

放手让下属做事的好处

放手让下属做事不仅对下属有好处，对领导也有许多好处。这样做有利于领导自身的成长，有利于增强团队的凝聚力。

1. 领导能够集中精力完成自己的工作

从根本上来说，能够交办给下属的工作并不是领导该做的工作。

领导既要使团队完成短期目标，又要将团队整体的长期目标纳入视野。比如，考虑新的经营战略、商品研发等都可以算是为长远打算的工作。

在完成这类工作时，领导必须确保有能够让自己专注工作的完整时间。为了确保这样的时间,领导就要将工作交给下属。

2. 领导自身的沟通能力得到提升

为了能够让下属正确地理解自己的意图,并且在工作中不出现词不达意的问题,领导就要提高自身的沟通能力。此外,通过增加与下属沟通的时间,领导能更好地尽到"培养下属"这一基本职责。

3. 促进团队的工作方式改革

当领导通过调整工作方式,缩短了与客户交流的时长后,加班的次数自然而然就会减少,这样有利于其身心健康。

如果领导能够带头不加班,按时下班回家的话,下属就能够早早完成工作,按时下班回家。

需要注意的是,如果因为领导减少了自己的工作,而使下属不得不加班的话,这就必须进行调整了。

小贴士

下属的成长,不仅能够增强团队凝聚力,提高业绩,而且有助于领导自身的成长。

始终无法放手交办的你该怎么办

读到这里,可能还有不少读者朋友会觉得:"我明白把工作放手交给下属的好处了,但我还是对交办这件事感到很不放心。"

在我刚做领导时,我也曾一直无法放心地将工作交给下属。即便把工作交给下属去做,我也会做出以下这些行为,导致下属感觉不到自己被信任。

- 我会非常细致地说明做法,完全不给下属留独立思考的余地;
- 我虽然已经把某项工作交给下属了,但一旦中途认为他可能胜任不了,就会立刻叫停。

说实话,类似上面这样的做法其实非常糟糕。接下来我为大家总结一下很多人"无法放心地将工作交给下属"的原因。

· 把工作交办给下属,一旦他把工作搞砸,公司就可能会失去客户的信任;
· 担心客户或其他部门看到自己团队中羽翼未丰的下属负责对接工作时影响合作;
· 认为为没经验的员工制作操作手册很麻烦;
· 因为指导下属需要花费不少时间,所以总是懒得这样做;
· 如果下属做不好,自己就不得不重做,反而更耗费时间和精力;
· 下属在工作中出问题,可能会影响自己的绩效考核;
· 下属的工作表现超过自己,会动摇自己的地位;
· 以前交给下属其他工作时出过问题,所以之后不敢交办工作了;
· 以前想把某项工作交给下属,却被下属以不想增加工作量为由拒绝了;
· 曾被下属质疑过"有必要做这件事吗";
· 下属平时工作时错误频出,很害怕把工作交给他。

虽然每位领导遇到的具体情况不尽相同,但我们可以把无法将工作交给下属的原因归纳为以下五点。

（1）害怕下属在工作中失误；
（2）不想花费时间和精力指导下属工作；
（3）想维护自己的地位；
（4）不喜欢被拒绝；
（5）过于看低下属的能力。

针对上面归纳的五点原因，我们试着来寻找解决方法。

1. 害怕下属在工作中失误

如果你担心下属的失误会导致客户流失，那么请试着按照以下的流程来思考。

（1）罗列出什么样的失误会导致客户流失
首先你应该思考的便是这件事。当你把这些失误罗列出来后你就会发现，很多都是自己想当然的想法，可以说就是自己的"胡思乱想"。

（2）思考过去是否有过类似的失误，如果有就罗列出原因
接下来你要思考过去是否出现过因为下属的过失导致客户流失的情况。如果确实存在过这种情况，你就如实写下

来,并冷静地反思。

经过冷静思考,你会发现,客户流失其实并非下属的过失导致的,而是其他因素导致的。

如果你在思考以上两点时,并没有找到对应的具体事情,那就说明你只不过是杞人忧天罢了。

即便曾经因为下属的过失导致客户流失,也有很多预防再次失误的方法。比如,最难的部分你与下属一起完成,让别人带着这位下属一起做,之前失误的部分暂时让其他人完成,等等。

2. 不想花费时间和精力指导下属工作

"教下属做事还要浪费自己的时间和精力。"
"如果有制作操作手册的时间,还不如把这个时间用来完成其他堆积的工作。"
"如果有不得不重做某事的可能性,还不如一开始就自己完成,这样效率更高。"
……

可能很多人都会这样想,曾经我也是这样认为的。但在某一天,我开始思考,如果一直这样下去,只会使自己越来越忙碌。于是我制作了一份操作手册,并将相关的工作交给下属处理。

虽然我花了3个小时制作这份操作手册,但将相关工作交给下属后,平均每个月就可以节省10个小时的时间。

总之,将工作交出去,不仅减轻了自己的负担,而且还为自己节省了更多时间。

有时候领导甚至不用制作操作手册,可以花10~15分钟口头告诉下属该怎么做。有些聪明的下属很快就能明白领导的意图,并且知道该怎么做。

因此,我建议有这种想法的领导可以尝试放下自己的成见。

3. 想维护自己的地位

有这种想法的领导往往害怕自己将工作交给下属,下属表现得极其出色，甚至超过自己，自己的地位就保不住了。要记住，领导和下属的职责并不相同。

下属工作出色，会提高团队的业绩，相应地，高层对你的领导能力就会有更高的评价。因此，对于下属工作出色这件事你应该感到高兴。

另外，有这种想法的领导，可能不想承担下属犯错带来的连带责任。这其实是在剥夺下属的权利。

下属有失败的权利，只有经历过失败，他们才会成长。 因此，领导不能为了自保而剥夺下属的权利。

4. 不喜欢被拒绝

下属拒绝领导指派的工作，主要有以下三方面原因。

（1）下属没有与领导建立起信赖关系
鉴于此，领导要想办法与下属建立起信赖关系。领导可以通过一对一沟通，让下属将目前的工作状况和自己的烦恼表达出来，以此拉近双方的距离。

如果遇到"年轻领导与年长下属"这种很难建立信赖关系的情况,领导可以请与年长下属关系不错的其他下属帮忙,先从三个人一起聊天开始,慢慢建立信赖关系。

(2)指派工作时的方式有问题
没有人喜欢被别人强迫着做事。领导如果跟下属说"你去做一下""这可是工作""上面这么安排的",就会降低下属的工作热情和积极性。

我们要将"做这项工作的理由"以及"做这项工作的背景"认真地告知下属,绝对不能因为嫌麻烦就跳过这一步。

(3)手头有别的工作,忙不过来
鉴于此,领导可以先向下属确认手头的工作需要花多长时间完成以及工作的轻重缓急。如果下属手头的工作比较着急,而且需要花很多时间才能做完,就把新工作安排给别人,尽量帮助下属减轻负担。

5. 过于看低下属的能力

掌握下属擅长什么、不擅长什么,也是领导很重要的任务。事实上，无论什么工作都需要多学习、多积累经验才能熟练掌握，因此领导切忌草率地判断下属是否擅长某事。

虽然以前这位下属做不好这项工作，但随着经验的积累，他现在已经完全能够做好了。比如，以前领导对某位下属的印象是"他不会使用PPT"，但在面谈中下属表示"我已经学会使用PPT了"。

身为一位领导，你不能想当然地认为"以前他做不好这项工作，现在肯定也做不好"，而应该抱着"或许他现在已经学会了，我来问问看吧"这样的想法给下属安排工作。

> **小贴士**
>
> **无法将工作交办给下属，绝大部分原因都是领导的成见。**

正确预估下属"能做到的"与"不能做到的"

假设一个人在健身房每次都能举起 40 公斤的哑铃,他已经坚持来健身房半年了,但总是突破不了 40 公斤的哑铃。

如果不增加哑铃的重量,就无法使其增强力量。为了让这个人获得更强大的力量,一般来说,教练应该让他挑战 40 公斤以上的哑铃。

这时教练一定要注意,千万不要一上来就让他挑战 70 公斤的哑铃。如果让他尝试根本无法完成的挑战,他很有可能因为受伤或受打击而前功尽弃。

同理,如果将销售目标定为提高 100% 的营业额,大家很有可能达成;如果将销售目标定为提高 150% 或 200% 的营业额,大家几乎无法达成。

再比如，如果让一个一小时能处理10件事的人，今后一小时处理11件事，还是能够完成的。如果让他一小时处理15件事，恐怕就是强人所难了。

确实，有时候需要团队或公司设定比以往的业绩高很多的目标，大幅调整以往的思考方式和工作方式，也就是说通过打破以往的模式，勇敢地进行极限挑战。但我们在这里主要谈的是领导该如何给下属设定目标。领导如果给手下的普通员工设定高难度的目标，恐怕很难取得理想的结果。

小贴士

领导给下属设定目标时要考虑下属的实际情况，不能强人所难。

让下属挑战比以往稍微有些难度的工作

工作可以分为安心领域的工作、挑战领域的工作、混乱领域的工作三种类型。

1. 安心领域的工作

意味着以目前员工的能力和人员配置完成这样的工作绰绰有余。平时经常做的工作，按流程处理的工作，因过去积累了丰富的经验而总是能够顺利完成的工作，很擅长处理的工作，都属于这个领域。可以说，这一领域的工作属于不用担心失败的工作。

2. 挑战领域的工作

意味着这样的工作对于员工现有的能力和人员配置来说稍

微有些难度。比如，目标是完成率达到100%，之前都由5个人完成，现在只有4个人，只要多下一些功夫或者多花一些时间，还是能够完成的。

3. 混乱领域的工作

意味着以目前员工的能力和人员配置，几乎无法达成目标，并且因为挑战过度，会导致工作混乱。比如，目标由完成率100%提升至150%或人员配置由5人降至2人等不合理的情况。

身为领导，你绝对不能让下属开展混乱领域的工作。强行让下属开展混乱领域的工作，可能会导致拔苗助长的结果。

比如，虽然一项工作具有一定的难度，但团队中有曾经从事过这项工作的成员，并且他能够预想到工作的推进会比较顺利，那么这对于年轻的团队成员来说就属于挑战领域的工作。如果是长期停滞不前的项目，那么这对于年轻的团队成员来说就属于混乱领域的工作。

领导需要在周全考虑团队成员的能力、技术以及人数等种

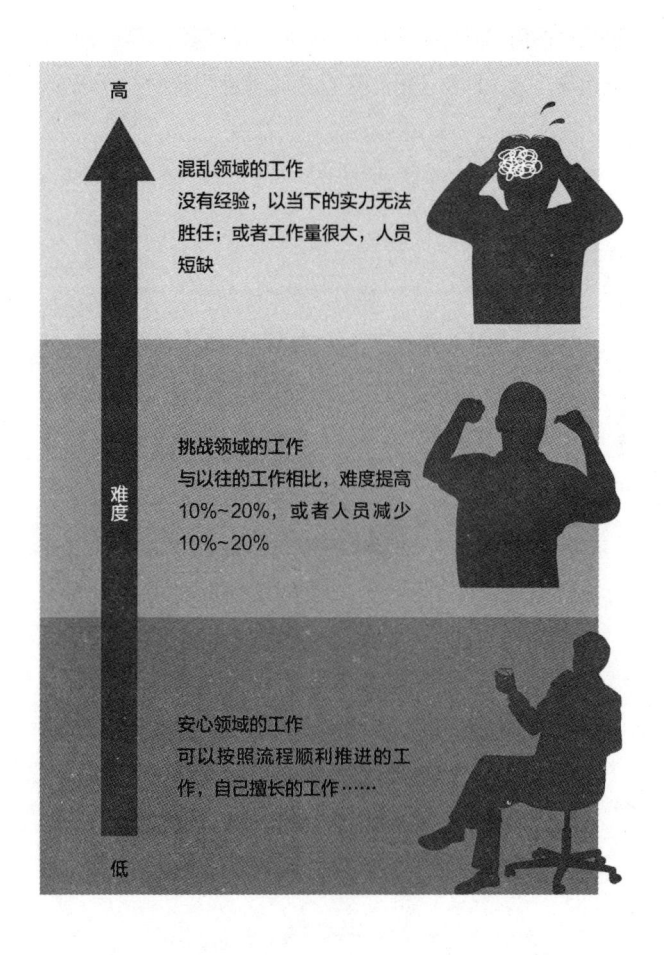

图4 通过让下属开展挑战领域的工作来促进下属成长

种条件的情况下,预估什么样的目标是大家"只要努力就能完成"的,并将这项充分考虑好的挑战领域的工作安排给团队成员。

> **小贴士**
>
> 领导要尽量让整个团队的成员都能够从事对自己来说属于挑战领域的工作,以此帮助下属不断成长。

根据下属的熟练度,改变交办方式

在将工作交给下属时,领导要事先将以下"5W 3H"有条理且清晰地告知下属。

What:要做什么,工作的内容,最终成果
Why:背景,理由
When:期限,时间
Where:要参考哪里的资料
Who:应该咨询谁
How:用什么方法去做
How many:数量
How much:金额,预算

另外,当下属在一定程度上适应了工作后,领导就应该提供给下属自主思考的空间。这样一来,下属会在工作中找

到责任感，工作积极性会随之提高，同时工作质量也会有所提升。

这时，领导需要注意以下三点。

1. 明确相互的职责

在一开始将工作交给下属时，领导就要明确告诉下属"我希望你做什么工作""在什么范围内可以自己做判断""出现哪种情况希望你来找我商量"等。比如，领导可以这样明确告知下属。

"找部长签字同意的事就由我来做吧。"
"我来对接其他部门吧。"
"麻烦你负责和厂商联系。"

2. 明确能够使用的资源

在工作前最好将什么资源（人、物、钱、信息）能够如何使用明确下来。比如，领导可以这样告知下属：

"你可以找助理岩村帮忙。"

"去年展会的资料在'1805展会'这个文件夹里。"

"如果需要向其他厂家订货,预算上限是 20 万日元。"

……

3. 事先确定好汇报工作的时间及地点

可能领导都很希望下属能够主动找自己进行中期汇报,但当领导非常忙碌时,下属往往就会错过汇报的时机。身为领导,你也不希望下属在自己忙不过来的时候找自己进行中期汇报。所以,我们需要事先确定好下属汇报的时间和地点,最好能利用在线日历提醒自己和下属。

> **小贴士**
>
> **领导要明确告知下属 5W 3H、相互的职责、能使用的资源、汇报工作的时间与地点。**

交办工作时不使用模棱两可的语言

为了避免词不达意造成的不必要的误解,领导在工作中要尽量避免使用模棱两可的语言。

1. 不使用形容词和副词

比如,领导告诉下属"请预约一个尽可能大的会议室",那么针对这个指示,有的下属可能会预约一个能容纳50人的会议室,有的下属可能会预约一个能容纳200人的会议室。

又比如,你对下属说"明天尽快把要用的文件准备好",那么下属具体应该在什么时候完成呢?13点,还是14点?似乎下属无论在几点完成都没有问题。

不少人经常挂在嘴边的"尽快"这个词存在很大问题。比如，你原本希望下属用一个小时左右的时间来完成这项工作，但由于你在下达指示时使用的是"尽快"而非"立刻"，下属可能就会先处理手头的其他工作，最终完成这项工作已经是3个小时以后了。

此外，应该尽量避免使用类似"多""少""相当""很多"等这样的形容词和副词，最好直接使用明确的数字。

· 比平时多一点儿。→这次要15个。
· 很多顾客报名。→有40位顾客报名。

如果有比较对象的话，那么最好每一项都使用数字表达。

· 比平时多一点儿。→上次要了12个，这次多一点儿，要15个。
· 很多顾客报名。→上次有50位顾客报名，这次则有40位顾客报名。

像第二个例子这种情况，原本以为报名的人数挺多，但通过这种清晰的数字对比，很容易就能发现报名人数实际上减少了。

2. 说明情况时不使用留有余地的说法

如果客户那边的负责人对你说"请在这个星期内将资料用邮件发送过来",那么你在什么时候发这封邮件比较好呢?

在进行演讲或培训时,我曾问过很多现场的人这个问题,得到了不尽相同的回答。

答案中最早的时间是"星期四23点59分前"。之所以选这个时间,是因为回答者认为这是一个星期的工作日最后一天前的最后时刻。

此外,回答最多的是"星期五的16点前"或者"这星期的工作时间结束前,即星期五的18点前",也就是说这个截止时间是对方可能在公司的最后时刻。

还有很少一部分人回答"星期五的23点59分前",因为他们认为在变成星期六之前都能算作"这个星期(工作日)内"，所以原则上是没问题的。

自己怎么想是一回事，对方怎么想就是另一回事了。如果对方的想法是"星期五下班前（18点前）"，那么你在星期五的23点59分前发这封邮件在对方看来就是"拖延"了。

因此，在商业场合，我们要尽量避免使用留有余地的说法。这个习惯不仅要自己养成，还要让下属养成，这样就可以避免许多没有意义的理解偏差。

3. 不使用"我认为""感觉是"这样的表达

人在不确定的时候，往往会不自觉地使用"我认为""感觉是"这类模糊的表达方式。领导一旦使用这样的表达方式，就会给下属造成困扰，甚至有些下属可能会认为你是一位没有自信的领导。

假设你是下属，当听到领导对你说"感觉这份文件做得不错"时，你会做何感想？

通过这句表扬的话,你可能会获得这样的信息:这份文件做得不错,但是具体哪里好又不是很清楚。这样一来,下次你可能不知道该如何做这样的文件才算完美。

4. 对于具体做法,避免下达不明确的指示

不知各位读者朋友是否会对下属做下面这样的指示呢?

- 企划书要做得更具冲击力才行;
- 一定要注意不能出错;
- 把重点放在开发新客户上;
- 要提高工作意识。

像上述这样的指示都欠缺具体性,下属根本无从下手。

我们可以将"企划书要做得更具冲击力才行"这个模糊的指示改为更具体的表述,如"希望你能把标题设计得更突出一些""希望你能想一个很吸引人的宣传语"等。

像"要提高工作意识"这类精神上的鞭策的话也毫无具体性可言,因此领导可以将其改为具体的语言和数字相结合

的形式，如"希望到月底前你能将营业额再提高 100 万日元，所以你要将拜访客户的次数增加一倍"等。

> **小贴士**
>
> 在做指示时，领导应避免使用模棱两可的语言，应使用具体的语言和数字。

领导和下属分担责任

如果下属找领导商量后决定的事情进展得并不顺利,或者领导交给下属的工作完成得质量不高,领导绝对不能把问题推到下属身上。

我经常看到这样对下属说话的领导。

"是你说这样做比较好我才同意的,结果完全不是那么回事嘛。"
"这次的宣传海报用了你提出的方案,为什么没招揽来更多的顾客呢?"

当然,失败之后确实有必要分析原因,但最终结果必须由领导承担。

如果领导将责任推给下属，那么今后下属将失去挑战较难工作的积极性，甚至会失去工作的干劲，也会导致领导失去下属的信任。

领导负起责任时，要注意不能完全忽略下属的责任。如果忽略下属的责任，下属以后在工作中就会开始"混日子"，或者再也不认真对待工作了。

工作中的责任主要分为以下三类。

（1）执行责任；
（2）报告责任；
（3）结果责任。

当把某项工作交给下属去做时，执行责任和报告责任就需要下属承担了。当这两个责任落在下属身上时，下属便会坚持不懈地将工作完成，向上级汇报时能保持良好的状态，并且工作的质量也会有所提高。

结果责任应由领导承担，这样做可以让下属安心地开展工作。**当下属没能很好地完成工作时，领导不能认为自己完**

全没有责任。领导身居管理职位,只要没有达成目标或工作没做好,领导都要负起结果责任。领导如果担心下属经验不足,就要在推进工作的过程中增加监督和确认的次数。

> **小贴士**
>
> 下属承担"执行责任"和"报告责任",领导承担"结果责任"。

事先掌握下属工作积极性的来源

在前文我多次提到,将工作交给下属时要明确告知对方做这项工作的背景或理由。但如果领导对所有的下属都说"因为你总是能高效、高质量地完成工作,所以我才能放心地把工作交给你"或者"如果这项工作做好了,对你的评价肯定会有加分"这类话,那么效果不会太理想。

下属听了这样的话,可能会这样想:

"领导只会在找我办事时才说好听话。"
"领导明明跟谁都说一样的话。"

每个人都有自己的性格和擅长的事情,而工作积极性的来源也因人而异。所以,领导在将工作交给下属时要"有的放矢",对不同的人采取不同的方法。也就是说,领导要明确告知下属这项工作交给他做的理由。

接下来,我为大家总结一下下属的几种类型以及让他们提升工作积极性的要点。

1. 希望提高自我能力的下属

这种类型的下属希望升职加薪,想要不断提高自己的地位。所以,这类下属往往很重视公司或者上级对自己的评价。

因此,在将工作交给这类下属时,领导可以告诉他们"这项工作做好了有助于升职加薪"或"这项工作做好了有助于你再升一级"。

这样一来,下属会认为"原来领导认为我是下一次升职的候选人"而感到开心,从而提升其工作积极性。

具体来说,领导可以这样表达:

"如果这个项目成功了,我会向高层推荐你升职,所以这次我希望你能承担起整个团队的组织工作。"
"我想让你带内藤和铃木两个新人。指导后辈可以锻炼你的管理能力哦！今后你当上领导，这样的能力会对你有巨大的帮助。"

2. 希望回避风险的下属

这种类型的下属希望能够在工作中不犯错。他们往往很害怕因为失误让自己的评价变差。他们在工作中为了避免失误，往往会尽量维持现状，而不会努力追求创新。

你问他们为什么不尝试新鲜事物，他们会反问你："我现在这样做得好好的，为什么要改变呢？"

因此，在将工作交给这类下属时，领导要告诉他们这项工作的风险很小，可以放心地去做，比如可以这样说：

"已经跟相关部门提前打好招呼了，放心吧。"
"去年负责这个项目的团队中有三个人今年也回来做这个项目，不用担心。"

3. 希望挑战的下属

这种类型的下属与第一类下属相似,都属于勇于前进的类型,但与前者不同的是,他们更愿意从事带有"最新""与众不同""业界首次""前所未有"这类标签的工作。比起已经被攀登过的高山,这类人更乐意挑战无人攀登的险峻高山。

如果告诉他们"这个企划还没有人做过"或者"这个项目一旦成功,就会在业界掀起一场革命"等,他们的工作积极性一下子就被调动起来了。

反之,如果和他们说"这件事谁都能胜任,你放心去做吧"或者"至今为止这个工作还没有人失败过"这样的话,他们会想"那为什么要找我去做,而不是别人呢",反而导致积极性降低。

"这个项目别人完成不了,我希望由你来做。"
"一旦这个企划成功,我们就能远超其他公司了。"

像上述这样,在将工作交给这类下属时,领导要使用能够让他们兴奋起来的话术。

4. 不希望受拘束的下属

这种类型的下属非常反感严格的条条框框。他们不喜欢做有"限制"的工作，比如那些需要100%按照操作手册完成的工作或者必须严格按照上级要求执行的工作等。

这类下属属于灵活变通、富有想象力的人。他们喜欢按照自己的想法来开展工作或者挑战新事物。反之，如果让他们"束手束脚"地工作，他们的工作积极性会大幅降低。

领导可以像下面这样将工作交给这种类型的下属：

"这项工作极其需要创造性，所以我才拜托你完成。"
"只要保证这份企划书最基本的三点要求，剩下的你可以自由发挥。"

小 贴 士

领导要在掌握下属的性格、能力、工作积极性的来源的基础上，以适合他的方式将工作交给他。

如果下属搞砸了交给他的工作怎么办

接下来,我将为各位读者介绍下属搞砸工作后领导的应对方法。在此,我并不是站在应对顾客投诉或者符合公司规定的立场,而是站在"提升领导力"和"培养下属"的立场。

1. 即便下属经历了一次失败,也不要剥夺他的工作

有些领导看到下属失败后,会将那项工作交给其他人,再也不会让那位失败的下属做这项工作了。(很难为情地告诉大家,我曾经也是这样的领导。)更有甚者,只要下属失败了,就会对下属给予差评,以后不让那位下属碰任何工作;或者,虽然还交给这位下属工作,但指派的都是那些重复且简单的工作。这样的领导剥夺了下属从工作中学习和积累经验的机会。

失败一次就不再给机会的做法，好比让小孩子去掉辅助轮后学习骑自行车，一旦摔倒一次就再也不让他骑了。

说到底，能够一开始就成功的人很少，几乎不存在。不少例子都向我们证明，即便第一次成功了，也有很大的改善空间。

面对下属的失败，领导要让下属在反省后鼓起勇气再次挑战。

日本职业棒球读卖巨人队前主教练、本垒打世界纪录保持者王贞治曾经在出道后连续26个打席未击出安打。

如果当初水原茂教练中途放弃了王贞治，恐怕就没有后来的"世界棒球之王"了。

2. 回想自己当初的失败

领导在看到下属失败后，应该回想当初的自己在挑战新事物时经历了怎样的失败。面对失败的你，你当时的领导是否仍然将工作交给你呢？

相信大家都能回想起当初经历失败后自己是如何积累经验并获得成长的。

可能有人会说:"当时我的领导不再把工作交给我了。"那么,请大家换位思考,不要让自己的下属再经历这种煎熬了。

我在前文提过,下属有"失败的权利"。请各位领导不要随随便便剥夺下属的这项权利。

3. 明确容易出问题的关键点,并为下次做好准备

领导有必要将下属容易在工作中出问题的关键点找出来。

在某项工作中,如果这个人出了问题,那么往往其他人也会在同一个地方犯错。比如,A某在这里犯错了,那么下次其他人也极有可能栽在这个地方。

因此,领导要记录下容易出问题的关键点,并分享给下属,以免下属重蹈覆辙。当下属再次进行相同的业务时,这样就能有效地提高成功率。

小贴士

下属会通过积累失败的经验而成长,因此领导不要因为一次失败就剥夺他们的工作,要鼓励他们勇敢地再次迎接挑战。

第五章 领导需要掌握的工作技巧

省去无用功,节约"时间"这个经营资源

一般提到经营资源,往往指的是"人、物、钱和信息"。

你一旦成为领导,就要有意识地不浪费任何一项经营资源。特别需要引起注意的是与"人和钱"密切相关的时间上的浪费。

人们常说在职场上有三大"无用功":

(1)冗长而毫无结果的会议;
(2)不知为何而做的大量文件;
(3)为礼貌应对而耗费时间的长篇邮件。

在这里我并不是想说要完全取消这三项工作,而是想说要将"造成诸多浪费"的惰性部分和"有助于最终成果"的

关键部分区分开，并削减徒劳无功的部分。

这里的徒劳无功的工作包括许多无意义的日报、几乎没人看的文件等。

在上文提到的三大"无用功"中，最浪费时间的恐怕要数冗长的会议了。明明在会议上做不出什么重要的决定，就因为是例会，所以大家都要参加，相信这种现象无论哪个公司都存在。

由于会议会耗费人力费（参会人数 × 每个人每小时的工资），所以我们应尽量减少开会次数、缩短会议时间。

我并不是说所有的会议都应该减少次数、缩短时间。比如，有些会议属于经营高层或上级领导参加的决策性会议，非常有必要开。

身为领导，有些会议应该由你来决定是否开或者怎么开。所以，你可以先从整顿自己团队内部的会议做起。

会议有以下三种类型：

（1）自由交流意见和想法的会议；
（2）以共享信息为目的的会议；
（3）决策性会议。

这三类会议都应该减少徒劳的时间，提高效率。那么，我们分别来看看该如何做。

1. 自由交流意见和想法的会议

这类会议的召开并不是为了具体决定什么，而是为了让参会者能够有一个畅所欲言的机会，因此这类会议会被误以为是没有任何意义、浪费时间的会议。

确实，从短期来看，这类会议似乎毫无意义，但从长远来看，这类会议是不可或缺的。

如今的社会以迅猛的速度发展，新型服务或产品很快就会过气或被市场淘汰。为了能够在这个时代生存下去，**企业必须经常提出新创意、研发新产品或者提供新服务**。

人往往很难跳出固有的思维去思考问题。即便自己再怎么努力，想拿出新创意，也摆脱不掉既有产品或服务的框架。这时，开一场大家可以畅所欲言、自由交流的会议来拓展思路就非常重要了。

在会议上，发言的人大部分都是领导、嗓门大的人、年长的员工或者业绩好的员工。并且这些人往往还会当场否定年轻人提出的稍显幼稚的意见或者看起来实现可能性较小的想法。这样会导致腼腆内向的人或者年轻人今后很难在会上再次发言。为了避免这种情况，领导要创造出团队全体成员都能畅所欲言的会议氛围。

此外，这类会议并不需要得出一个结论，往往会花很长时间，因此要把控好时间。领导可以在开会前明确会议时长："今天这个会就开 30 分钟。"

2. 以共享信息为目的的会议

平时的例会就属于这种类型的会议。有些公司会要求高层领导每个星期都要从各地的分公司赶到总公司开一次大会。

在这种会议上，大家可以面对面交流，并且有时公司会得到宝贵的意见,因此不能一概而论地认为这种会议都是浪费时间。考虑到参会领导往返的时间和交通费等,确实存在很多"浪费"的地方。

针对这种情况,我们可以减少开会次数,或者利用一些视频会议软件进行线上会议,从而减少往返造成的时间和人力上的浪费。

3. 决策性会议

在这类会议上,公司高层往往要商讨、决定重大事宜或者公司的章程制度等,因此团队领导无法擅自减少这类会议的次数或缩短会议时间。

这类重要会议往往参会者众多,大家在会上你一言我一语,经常无法形成统一观点或得出结论。有时即便在会议上做出了决定,也很难执行。

针对这种情况,我们可以精简参会人数。如果在确认参会人数时的思路是"让这个人出席应该挺合适",参会人数就会不断增加;反之,如果思路是"这个人不来会如何",

我们就会从中发现即便不参会也不会造成什么影响的人员，那么将这些人从参会名单中删除即可。这样一来，那些从名单中删除的人就可以节省下开会时间去完成其他工作。

此外，将会议上做出的决定真正落实下去也非常重要。为了达到这个目的，我们可以在会议记录上明确写下"何时开始实施"及"由谁来负责执行"等具体内容。

此外，我经常看到有些会议记录上连"什么人说了什么话"都记录下来，这其实也是一种浪费时间的做法。归根结底，仅靠会议记录不会得到理想的结果。因此，我们应该尽量缩短整理会议记录的时间，可以仅记录会议中关于执行计划等的要点、重点，争取在会议结束时就整理完会议记录。

不过，执行计划制订得再好，如果不能真正落实下去就毫无意义。这就要求领导确认执行计划是否真正落实了，并且及时给予反馈，不断进行纠错和完善。

> **小贴士**
>
> 领导可以通过减少开会次数、缩短开会时间、精简参会人数等,更为高效地利用经营资源。

掌握"鸟之眼、虫之眼、鱼之眼"

我在其他公司担任过一段时间团队领导。

有一次,我必须去参加一个有公司董事出席的会议,于是便拜托团队中经验丰富的伊藤去检查年轻员工榎本制作的企划书。

在准备开会前,我听到了伊藤和榎本的对话。

伊藤:"榎本,你这份企划书的字号太小了。不要用 16 号字,应该用 18 号字。"
榎本:"好的。"
伊藤:"你看,这里还有错别字。这个圆形图表的颜色最好浅一点。"
榎本:"好的……"

这正是我所担心的。伊藤的眼界太小了，他无法看到事物的整体，总是纠结于细节。我原本希望伊藤帮我检查这份企划书整体内容是否流畅，是否清晰易懂。

我本来想通过增加伊藤指导后辈的次数，让他注意到自己总是"只见树木，不见森林"的毛病，希望他能有所进步，然而在我任职期间伊藤始终没有发现自己的问题所在。因此，伊藤在公司始终无法获得晋升。

身为领导，你必须拥有高视角和宽视野，必须能够看到经营的全局。为了看到经营的全局，你就要具有"鸟之眼、虫之眼、鱼之眼"这三只眼睛。

团队成员各自负责的领域不同、各自的职责不同，一般都以自己的工作为中心考虑问题，所以难免视野狭窄，无法从全局的角度看问题。

领导应具有"鸟之眼"，以一定高度的视角把控全局；并具有"虫之眼"，对具体的工作进行深入剖析，直达工作成果。

此外,"鱼之眼"(即审视发展的眼睛)的作用也至关重要。领导要预测肉眼不可见的工作的发展方向或预判他人的想法等,并准确地捕捉到这些内容,纠正团队成员的错误方向。

接下来,我们具体来看看这"三只眼睛"。

1. 鸟之眼

我们要尽量以一定高度的视角把握全局,不仅要看到自己的团队,还要看到整个公司。

"如果想要赶超 A 公司,我们最好能够跟 IT 事业部联手。"
"在西日本那边的事业部也有这款产品的大量订单,或许我们可以让供应商为我们降低采购价。"
"C 公司的订单对于整个公司来说是一笔大生意。我们和第三营业部商量一下,让他们派三个人过来,帮我们专门负责这笔生意。"
"从整个公司的立场来看,F 公司的订单既花时间,营业额又没有那么高,之前我们都以折扣价给他们发货,今后调回原价吧。"

我们应该考虑的问题是某项工作对于整个部门甚至整个公司来说应该如何定位,是否能与其他部门合作等。我们不仅要站在整个公司的立场看待问题,有时还要站在整个行业的高度去看待问题。

2. 虫之眼

"虫之眼"则意味着要透过具体的工作看到工作成果。这正是我希望上文案例中的伊藤可以拥有的能力。

比如,为了宣传或介绍自己公司的产品,为客户制作了一份多达几十页的PPT,那么思考"如何让客户对这个产品感兴趣""如何能让客户与公司签约"便属于"虫之眼"。

可以将每一章或者每一页PPT的标题、信息、产品的整体印象等列个大纲,共享给负责这个项目的所有成员,让大家都能对成品有整体的把握。

如果不具备"虫之眼"的视野,就无法取得理想的成果。

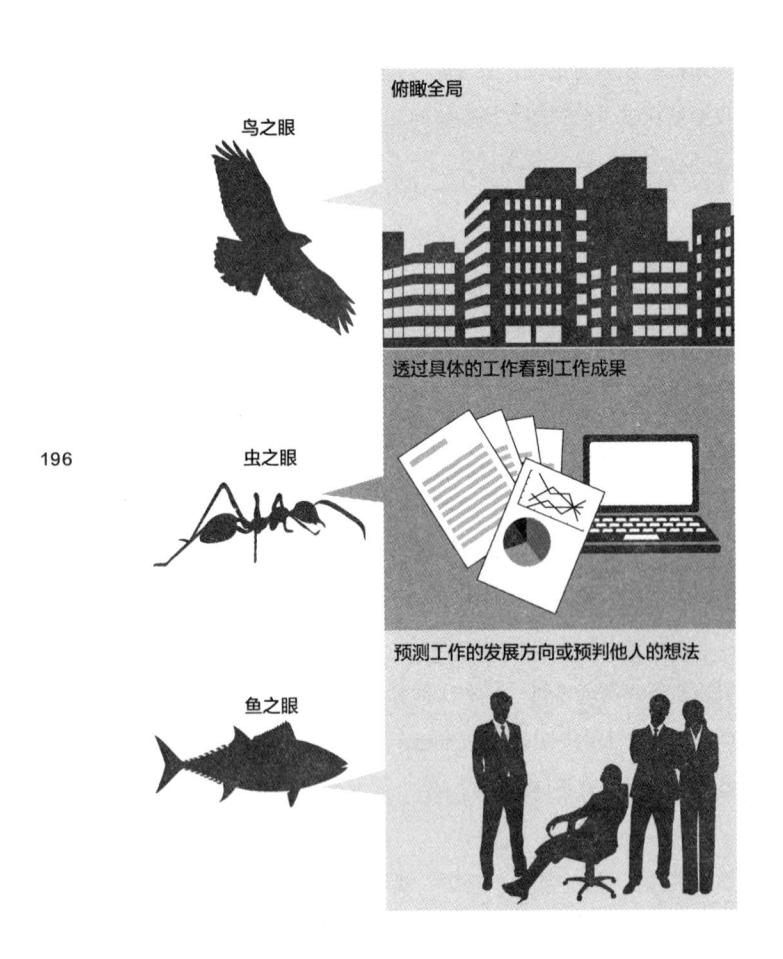

图 5 领导应具备的"三只眼睛"

3. 鱼之眼

"鱼之眼"指的是能够预测工作的发展方向或预判他人的想法等的分析能力和感受能力。

"这次企划书的负责人要经过董事会商量后决定,说不定会要求大家提交企划书。"

"对方在 6 月份结算,所以可能在 4 月底之前举办这次活动。"

"刚了解到竞争对手 C 公司将于 4 月在涩谷开一家分店。他们应该会在那一片拉客户吧。那么,到 3 月底之前,我必须和下属一起去拜访那个区域的 50 位主要客户。"

"可以预见,今年夏天比以往更加炎热。为了在下个月末对去年夏天销售极佳的商品 A 进行宣传预热,这个月内就要开始推进宣传企划了。"

领导应该预测出工作的发展方向,并想出相应的对策,提前行动起来。

小贴士

通过掌握"鸟之眼、虫之眼、鱼之眼",全局把握工作内容,预测工作的发展方向。

比起细致的计划,更重要的是先行动起来

假设你手下有以下两位下属,你分别给他们制定了销售目标。

其中 A 某属于害怕风险的类型。他在着手工作前,会尽可能多地收集信息。之后针对可能遇到的情况进行调查、分析,在分析结果的基础上再决定怎么行动。

B 某一旦想到某种假设,就会立刻付诸行动。他一旦发现这种假设行不通,就会开始思考别的假设。不难看出,B 某属于不畏风险、敢于行动的类型。

各位读者朋友们认为 A 某和 B 某谁能达到销售目标呢?答案当然是 B 某。

所谓"假设",就是在收集信息的过程中或者对信息进行分析前设定的"假定答案"。"假设思考"指的是在掌握信息尚少的阶段,便不断从问题的全局或结论进行思考的方式或习惯。通过不断试错修正方向,最终慢慢接近"正确答案"。

有些读者朋友可能会质疑我的这种说法:"按照你这种没有事实根据、瞎猫碰死耗子般的方式做事,真的没问题吗?"

我们来具体分析一下。在上面的例子中,乍一看似乎A某的做法更加可靠。

像A某这样针对可能遇到的情况进行调查、分析,在分析结果的基础上再决定怎么行动的思维方式被称作"网罗思考"。

"网罗思考"看似周密严谨,却存在以下几点弊端。

(1)尽可能全面地收集信息,并对全部信息进行分析,十分耗费时间。也就是说,人会被宛如洪水的信息淹没。

（2）在完成项目时，不到最后无法形成全局观。因此，很多时候，虽然你发现"这里是重点，需要深入挖掘"，但所剩时间已经不够了，最终不得不半途而废。

（3）耗费大量时间得出的结论并不能保证100%正确。

新接手的工作能够100%取得成功的案例极其罕见。此外，你即便中途发现一开始的结论有问题，也没有时间改正了。

小 贴 士

我们要一想到某种假设，就立刻行动起来。

一边行动,一边摸索"最优解"

在截止日期前做不完工作的大部分原因都是"着手得太晚了"。在工作总是能很快完成的人中,甚至有人表示:"只要着手开始做,这项工作就跟完成了一半差不多。"总之,迈出第一步至关重要。

而 B 某正是这样做的,他会先做出一个假设,然后便付诸行动。

这种做法并不是先制订一个"完美的计划",而是先找到一个"似乎最有可能"的假设,然后一边行动一边摸索"最优解"。

因此,我们不需要做好充足的准备再去寻找"最优解",而是应该一边行动起来一边摸索"最优解"。

虽然一开始的假设经常会偏离目标，但失败后就能够发现问题所在。这时就要思考为什么会失败，为什么不能顺利进行下去，然后再不断地通过试错修正方向。

看到这里，有的读者朋友可能会提出这样的疑问："如果不断地试错，那么到头来是不是跟'网罗思考'所花费的时间差不多？"

虽然二者看似花费的时间差不多，但"假设思考"的方式更能尽早取得成果。

采用"网罗思考"的方式时，我们需要把能想到的问题都找出来，然后针对每一个问题进行分析。有时问题有几十个甚至几百个，这样需要耗费大量时间和精力。

此外，"网罗思考"要调查和思考的范围很广，所以往往每个问题的分析并不深入。而"假设思考"能够针对某一问题进行深入的调查和分析，更容易接近问题的本质。

身为领导，你要指导整个团队都采用"假设思考"的方式推进工作。

小 贴 士

"假设思考"更有利于顺利开展工作,我们只要想到了,就要立刻行动起来。

试着提出假设

"假设思考"在找到问题所在并思考解决策略上发挥着有效的作用。我们来具体看看如何实践"假设思考"。

在解决实际问题时，我们可以按照以下三个步骤实践"假设思考"：

第一阶段：假设存在某个问题；
第二阶段：验证该假设；
第三阶段：若确实存在该问题，就提出解决策略的假设。

我们结合一个例子来具体看一看。比如，你现在是营业部的某个团队的领导。你带领的团队第一季度的业绩并不理想，与去年相比，业绩下滑了70%。公司整体的业绩是去年同期的105%，总体来说还是可以的。现在，为了第二季度的业绩能够有所回升，你在考虑具体策略。你究竟该如何操作呢？我们具体来看看。

1. 第一阶段：假设存在某个问题

假设一：提案报告存在问题。
假设二：商谈内容存在问题。
假设三：拜访客户的次数减少，面谈时间缩短了。

"假设思考"并不需要像"网罗思考"那样，将想到的数十个乃至数百个问题全部整理出来，最多先列出三个假设就足够了。

2. 第二阶段：验证该假设

验证假设一
你的团队和其他分店使用的是相同的提案报告，而其他分店的业绩提高了，因此提案报告不存在问题。

验证假设二
为了调查与客户商谈的内容，与业绩不佳的5位团队成员去见了客户,在商谈过程中,这5位下属虽然有些小毛病,但似乎不存在致命的大问题。

验证假设三
看过团队10位成员的销售报告后,你发现团队成员拜访客户的次数明显减少了。特别是近3个月,去年同时期团队成员平均每周拜访客户9.2次,今年大幅降至4.9次,并且相应的面谈时间有所缩短。

像这样,在采用"假设思考"的方式解决问题时,我们可以挨个儿验证提出的假设,只要发现某个假设不存在问题,就可以继续进行下一个假设的验证了。

你即便发现假设错了,也不用过于担心,最重要的是先提出假设。你如果不把假设提出来,就永远无法进行下一步。

以我举的这个例子来说,到此就能判断出问题出在假设三"拜访客户的次数减少,面谈时间缩短了"上。这样就可以通过增加拜访客户的次数和延长面谈时间来解决问题。

虽然你可以把"增加拜访客户的次数和延长面谈时间"的方法都列出来,但我不建议这样做,建议先提出解决策略的假设。

3. 第三阶段:若确实存在该问题,就提出解决策略的假设

假设四:削减销售活动以外的工作时间;
假设五:让销售模式更高效地运转。

在此基础上,你可以提出更具体的对策。比如,针对假设四"削减销售活动以外的工作时间",你可以提出以下几种更具体的对策:

- 减少与提高业绩关联性不大的日报内容,填写表格时尽量从简;
- 将每周开两次的销售活动报告例会减少到每周一次;
- 招聘能够帮忙处理销售业务的助理,从现在的一人增加到两人。

之后你就可以落实具体的行动方案。在对假设进行验证后,你只须不断尝试即可。

> **小贴士**
>
> 我们不用过度在意假设出错,只要能够不断地验证提出的假设,就可以接近正确答案。

不要试图将问题一下子全部解决

你如果基于假设已经提出了具体的行动方案，就可以集中精力从优先顺位高的方案开始实践。

在判断优先顺位高低时，你可以通过重要程度和紧急程度的矩阵图（详见第213页）来判断。也就是说，你要考虑每个方案的"重要程度"和"紧急程度"。

人们往往会选择以"紧急程度"来划分顺位高低，但事实上应该以"重要程度"来划分，然后再按照（1）（2）（3）（4）的顺序排位。

此处应该注意的是，"重要程度高而紧急程度低的工作"很容易由于不紧急而被搁置，"等有空时再处理"，但随着时间的推移，这项工作很可能会变成"重要程度和紧急程度都很高的工作"。

原本应该以"重要程度"为标准排列优先顺位,但实际上很难以"重要程度"来决定行动方案。

此外,由于"重要程度"没有客观的判断标准,团队成员往往会有各自的想法和标准。"重要程度"其实应该以一个客观的数值来判断,而能够帮助我们找到这个数值的便是"成果"。

如果眼前有两项耗费时间和精力差不多的工作,我们就应该优先完成对提高业绩和创造利益更有利的工作。

因此,在现有的人员、资金或技术等资源范围内,对于那些能力范围之外或徒劳无功的工作,我们就要大胆做出推迟或放弃的选择。

鉴于此,我制作了一个以"成果的大小"和"实现可能性的大小"为标准的矩阵图(详见第214页)。

以前文提到的"削减销售活动以外的工作时间"为例来

说,"成果的大小"对应的是"削减相应工作时间的长短",而"实现可能性的大小"对应的是"领导阻碍或不批准"。如果领导批准,这项工作最终实现的可能性就会很大。

因此,我建议各位读者朋友应该以"成果的大小"和"实现可能性的大小"为第一标准决定工作的优先顺序。

此外,在牢记"重要程度"高于"紧急程度"的基础上,我们要将成果作为第一标准,排列出(1)(2)(3)(4)的优先顺序。

> **小贴士**
>
> **以"成果的大小"和"实现可能性的大小"这两个角度来比较,工作的优先顺序便显而易见。**

重要程度 低→高

紧急程度 高→低

(2) 重要程度低而紧急程度高的工作
- 解答客户提出的问题
- 确认部门例会的会议记录
- 制作每周末要提交的报告
- 审批下属提交的出差申请
- 检查内部资料的缺字、错字

(1) 重要程度和紧急程度都很高的工作
- 制作公司董事紧急要求的报告
- 制作下周经营大会需要的文件
- 与没有完成目标的下属面谈
- 例行的工作表现评价面谈
- 为下属造成的工作失误进行善后

(4) 重要程度和紧急程度都很低的工作
- 修订常规报表的格式
- 参加为了开会而开的会
- 针对低风险项目收集额外的信息
- 阻断公司内部谣言的传播
- 参与决定不了任何事的会议

(3) 重要程度高而紧急程度低的工作
- 下个季度商品线的完善
- 将负责的客户交接给下属
- 与下属进行一对一面谈
- 制作下个季度的预算计划书
- 指导预计明年能够升职的下属
- 与工作表现极佳的下属展开面谈
- 与其他部门的领导交换信息
- 针对频发的错误进行原因分析与对策制定

图6 重要程度与紧急程度的矩阵图

	实现可能性 小 ← → 大	
成果 大	**（2）成果大而实现可能性小的工作** · 废止与销售业绩无关，只有社长会看的日报 · 废止社长主导的徒劳无功的会议 · 增加一名助理 · 申请修改公司制定的过于严苛的规定 · 为了能够尽早答复客户，希望改善层层汇报的制度	**（1）成果和实现可能性都大的工作** · 减少与提高业绩关联性不大的日报内容，填写表格时尽量从简 · 为了减少找资料的时间，重新整理文件夹 · 将每周开两次的销售活动报告例会减少到每周一次 · 在部门内共享工作高效化推进的方法 · 重新考虑参会的人选，精简人数
成果 小	**（4）成果和实现可能性都小的工作** · 废除每月一次在经营大会上提交报告的做法 · 考虑如何减少领导突然安排的紧急工作 · 想办法回绝社长提出的销售额很低的项目 · 简化每月必须执行一次的考勤管理体系	**（3）成果小而实现可能性大的工作** · 对于工作效率低的下属，要求他们在电脑中设置快捷短语并使用快捷键 · 对于加班很多的下属，指导他们不用过于纠结文件的细节 · 为了精简每年只使用两次的文件，修改表格的格式 · 对于每年只下单一次的客户，要减少联络的次数

图7　成果与实现可能性的矩阵图

为"思考"和"烦恼"设定截止时间

习惯"网罗思考"的人往往不喜欢冒风险,因此才会在行动之前进行全面细致的思考。

事实上,曾经我也为了不失败而在行动前反复思考,这样做会导致我有时在截止时间前完不成工作。但即便延长了提交工作的时间,我也经常会出现根本制定不好方案的情况。

渐渐地,我意识到,从一开始就试图找到100%正确的最优解这个行为本身就有问题。

比如,在美国职业棒球大联盟中成绩十分突出的大谷翔平,即便是像他这样成绩如此优异的选手站在击球区挥棒,也并不能保证每次都能打中。但是他如果不挥棒,连碰到球的可能性都没有。

我们仔细想一想，确实如此。如果工作一直处于计划的状态，我们就永远得不到结果。我们如果不行动起来，就绝对不可能获得成功。

"烦恼"也是同样的道理，如果我们只是在那里一直烦恼来烦恼去，什么也不会改变。因此，行动起来至关重要。一旦"思考"和"烦恼"占据了大脑，人就没有精力和余地做其他事情了。

不论是思考、烦恼，还是迷茫，只要过了5分钟，我们就要"逼"自己做出决定。我们要为它们设定截止时间。

如果做出的决定错了，我们不用过分纠结，只要之后能够改正就好了。

对于那些无论如何都做不出决断的人来说，他们在工作之外也要练习给自己的行动设定截止时间。比如，去餐厅吃饭的时候，要将看菜单、点菜的时间规定在3分钟以内；在选择出差给同事带的伴手礼时，时间不能超过3分钟；

在不熟悉的地方逛街,要在 3 分钟以内决定进哪家店;去服装店,要在 5 分钟内决定买哪件夹克衫等。

令人意想不到的是,我们一旦做出决断,使自己犹豫不决的另一个选项就再也想不起来了。这证明犹豫这件事本身并没有自己想的那么重要。

> **小贴士**
>
> "思考"和"烦恼"其实只是在浪费时间,我们在做事前应该规定好思考或犹豫的截止时间,一旦时间到了,就必须行动起来。

要重视自己的直觉

在上文中，我建议大家给思考或烦恼设定截止时间。此外，我再提一个建议——领导要重视自己的直觉。

说到"直觉"，有些人可能觉得这在工作中并不靠谱，但"直觉"与"瞎猜"是两回事。比如，你经过多年的积累后才当上了团队领导。因此，你在工作中的"直觉"是在多年积累的经验的基础上得来的，而绝非随随便便的瞎猜。

专业将棋棋手羽生善治总是能在棋局的最后走出一招妙棋取胜，因此他的棋法被称为"羽生 Magic[1]"。羽生善治曾表示，最后的妙招都依靠自己的直觉。他甚至曾表示过：

---

1 Magic：可理解为"魔法""妙招"。

"我的直觉 70% 都是正确的。"

对于羽生善治来说,他的直觉来自在对战中不断积累的经验,这些经验会在不经意间指引他"遇到这种情况该怎么走出更有利于自己的一步棋"。

"与刚参加工作时比,我的直觉的准确率高多了。"各位读者朋友是否有过这样的感受呢?这就是经验积累的结果。

一直以来,我的直觉经常是正确的。曾经在我的团队成员都忙得孔席不暖、墨突不黔的时候,客户探我的口风:"你们不打算参加竞标吗?"我一度认为,只要是有助于提高业绩的项目,即便成功的可能性很低,也应该积极参加。

那时我的团队成员都已经忙到了极限。参加这个竞标虽然对我个人没有什么影响,但会导致我的团队成员连续一个星期加班到深夜。

当我和客户那边的负责人了解相关事宜时,我突然意识到:"其实他们已经决定让其他公司来做这个项目了,我们公司只不过是被拿来当'幌子',他们根本没有让我们真正参加竞标的意思。"最终,我们放弃了参加那个项目的竞标。

后来,事情果然如我所料,他们早就有了内定的公司。当初我为了照顾团队成员而做出的决定,最终被证明是非常明智的。

此外,我曾经因为不相信自己的直觉而在工作中犯过大错。现在想起这件事我都觉得很丢人,我曾经让一位没付尾款的客户逃跑了。

当时我们已经给客户发了货,但对方在付款前一天带着我们的产品逃跑了。

这位客户对于对接他的下属来说是一位购买力很强的大客户。这一订单如果做成,就能够大幅提升这位下属的业绩。但在我看来,这位客户有些可疑,因为以他们公司的规模来讲,他们公司与我们公司的交易额有些庞大。

我曾问过下属:"第一个月就跟我们签订这么大一笔订

单,这家公司真的没问题吗?"下属肯定地回答我:"没问题!"

尽管如此,我还是很担心,于是便跟下属一起拜访了那位客户,而且准备和对方这样谈:"因为是第一次合作,您签订了××万日元以上的订单,我们需要您预付全款。"

那家公司的负责人非常热情地接待了我们。考虑到下属的业绩,我便妥协了,最终还是同意了先发货再让对方付尾款。

结果,我的不祥预感应验了。我至今仍然很后悔,当时要是相信自己的直觉就好了。

小贴士

直觉是从自己的工作经验中产生的"突然的想法",我们应该珍视它。

后记

Epilogue

衷心感谢各位读者读完这本书。不知各位有何感想？

重要的是不要试图一次性搞定所有的事情。我在本书第 212 页提到，我们应该从成果的大小和实现可能性的大小，也就是说"可能发生巨大变化的事情"或"看起来能实现的事情"的角度去考虑和安排工作。

即便如此，这对我们来说依然是一项新的挑战。即便曾经做过一次，也不能保证第二次就能顺利完成，甚至可能会反复失败。

有的下属会因为你的改变而感到开心，有的下属会对你产生怀疑。请绝对不要放弃。我们要尝试用各种方法去挑战。只要身为领导的你改变了自己，下属就会随着慢慢改变。

我自己，还有参加过我的培训或演讲的人，都将这本书中所写的领导方式逐一进行了实践。实践所带来的小变化，最终导致了结果的巨变。

如果这本书可以使各位领导有所改变，并且能让你的下属和团队有所成长，在工作中感受到幸福，我将感到无比荣幸和喜悦。

吉田幸弘
2019 年 2 月

指南针　为自我成长指明方向

《不要只问结果：如何打造一支灵活应变的团队》

让你的团队扛得住风险，无惧瞬息之变

松下集团、朝日新闻等知名日企管理者都在实践的管理技能

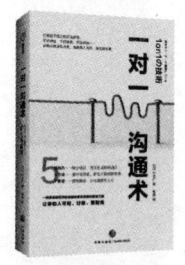

《一对一沟通术》

世界 500 强企业都在用的省时高效沟通术

让你的人可用、好用，更耐用

《为什么你总是半途而废》

致做什么事情都行动不起来，坚持不了多久的你

不拼个人意志力，也能轻松把事干完、干爽、干漂亮

《一切从目标开始》

多件事同时进行，如何让每件事都顺利落地？

熊本熊之父首次公开零压力零返工的程序化工作法